CW01643498

La psychologie
de l'enfant

QUE SAIS-JE ?

La psychologie de l'enfant

OLIVIER HOUDÉ

Professeur de psychologie cognitive.
Responsable de l'Équipe « Développement & fonctionnement cognitifs »
dans le Groupe d'Imagerie neurofonctionnelle du CNRS, du CEA,
des Universités de Caen et Paris V (Sorbonne)

Deuxième édition mise à jour

17e mille

ISBN 978-2-13-055489-9

Dépôt légal — 1re édition : 2004
Réimpression de la 2e édition : 2007, mai

INTRODUCTION

Les études historiques sur l'enfance ne manquent pas. Les plus connues sont *L'enfant et la vie familiale sous l'Ancien Régime* de Philippe Ariès et *L'enfant dans l'histoire* de Julian de Ajuriaguerra, titulaire de la chaire de *Neuropsychologie du développement* au Collège de France de 1975 à 1981. Nous renvoyons le lecteur à ces excellentes études, ainsi qu'à l'introduction de notre ouvrage *L'Homme en développement*[1]. De façon plus ciblée, le coup d'envoi de ce « Que sais-je ? » sera donné par le père de la philosophie et de la science modernes : René Descartes (1596-1650).

À la question « D'où détenons-nous ce précieux trésor qu'est notre intelligence ? », Descartes, dans son *Traité de l'Homme,* répondait avec une évidence qui semblait s'imposer à lui : Dieu a déposé dans notre esprit, dès la naissance, des idées logiques et mathématiques claires et distinctes, noyau de l'intelligence humaine. Un bébé « potentiellement intelligent », donc (ce qui est une idée très actuelle), mais par don de Dieu !

Quatre siècles plus tard ce n'est évidemment plus la réponse que la psychologie de l'enfant apporte à cette question[2]. Entre Descartes et les années 2000, deux

1. P. Ariès, *L'enfant et la vie familiale sous l'Ancien Régime,* Paris, Le Seuil, 1960 ; J. de Ajuriaguerra, L'enfant dans l'histoire, *La Psychiatrie de l'enfant,* t. XXII, p. 101-126, 1979 ; J. Bideaud, O. Houdé et J.-L. Pedinielli, *L'Homme en développement,* Paris, PUF, 1993 (« Quadrige », 2004).

2. O. Houdé, Le développement de l'intelligence chez l'enfant, *in* Y. Michaud (éd.), *Qu'est-ce que la vie ?,* Paris, Odile Jacob, 2000, p. 311-315.

événements clés ont, en cette matière, marqué le progrès scientifique. Il s'agit d'abord de l'introduction, par Charles Darwin (1809-1882), de l'idée d'une évolution *naturelle* de l'intelligence animale et humaine (à travers la *phylogenèse* ou évolution des espèces)[1], où s'imbriquent la Matière, la Vie et la Pensée – excluant Dieu de l'explication. Il s'agit ensuite, au XXe siècle, de la reprise de cette idée dans l'étude de l'*ontogenèse* (l'intelligence évolue du bébé à l'adulte) par Jean Piaget (1896-1980) en psychologie de l'enfant et par Jean-Pierre Changeux en neurobiologie avec le « darwinisme neuronal-mental »[2].

I. – Jean Piaget

Piaget est sans conteste le plus grand psychologue de l'enfant qu'ait connu le XXe siècle. Par sa célèbre théorie des stades du développement de l'intelligence, ce professeur de l'Université de Genève a profondément marqué la psychologie, le monde de l'éducation et le grand public. L'atteste, par exemple, le succès exceptionnel de son « Que sais-je ? » *La psychologie de l'enfant* (plusieurs centaines de milliers d'exemplaires vendus, au même rang que les « Que sais-je ? » *La psychanalyse* et *Le marxisme*).

Piaget a montré que devenir intelligent, c'est tout

1. Phylogenèse, du grec *phûlon,* la « tribu », et *genesis,* l' « origine » : donc, ici, l'origine des Hommes. Ontogenèse, du grec *ôn, ontos,* l' « être, ce qui est », et *genesis,* l' « origine », c'est-à-dire le développement d'un enfant particulier, de la fécondation à l'état adulte.

2. J. Piaget, *La psychologie de l'intelligence,* Paris, Armand Colin, 1947 (leçons données au Collège de France en 1942) ; J. Piaget et B. Inhelder, *La psychologie de l'enfant,* Paris, PUF, 1966 ; J.-P. Changeux et A. Connes, *Matière à pensée,* Paris, Odile Jacob, 1989 ; J.-P. Changeux, *L'Homme de vérité,* Paris, Odile Jacob, 2002.

d'abord concevoir la permanence de l'*objet* comme unité de base du réel[1] (le stade sensori-moteur chez le bébé), ensuite *dénombrer* et *catégoriser* ou classer les objets (le stade des opérations concrètes chez l'enfant) et, enfin, *raisonner* sur des idées, des hypothèses, des propositions logiques, etc. (le stade des opérations formelles chez l'adolescent et l'adulte).

John Flavell (Stanford University), qui a introduit la théorie piagétienne aux États-Unis à la fin des années 1960, écrivait, dans un hommage rendu à Piaget trente ans plus tard (en 2000) : « (...) presque tout ce que pensent les gens aujourd'hui dans ce domaine [le développement cognitif : objet, nombre, catégorisation, raisonnement, etc.] a quelque lien avec les questions soulevées par Piaget. On peut ainsi dire que le rôle tenu par Piaget dans l'étude du développement cognitif est comparable à celui qu'a joué Noam Chomsky dans l'étude du développement linguistique : il a créé et formé un nouveau domaine d'investigation »[2].

1. **Freud, Einstein, Piaget.** – Souvent comparé aux plus grands savants de l'époque moderne comme le psychanalyste Sigmund Freud (1856-1939) ou le physicien Albert Einstein (1879-1955), Piaget s'est, par son intérêt *scientifique* pour l'enfance, remarquablement inscrit dans les préoccupations les plus novatrices de son temps. C'est ce que remarque fort bien l'un de ses élèves, Howard Gardner (Harvard University), lorsqu'il écrit, dans son étude sur les génies créateurs

1. Principe selon lequel un objet continue d'exister (est permanent) lorsqu'il échappe à notre perception immédiate.

2. Voir O. Houdé et C. Meljac (éd.), *L'esprit piagétien : hommage international à Jean Piaget*, Paris, PUF, 2000 (citation de J. Flavell, p. 213).

du XXe siècle, que « Freud et Einstein s'intéressaient énormément à l'enfance, fait en accord avec les tendances de l'époque moderne [Picasso peignait "comme un enfant"]. Pour Freud, les événements survenus au cours de la petite enfance jouaient un rôle principal dans les émotions et la personnalité ultérieure de l'individu. Einstein valorisait le mode de pensée enfantin où il voyait de profondes intuitions de physique, et il encouragea son collègue suisse Jean Piaget à étudier la conception du monde physique chez l'enfant »[1]. On sait que les deux hommes se rencontrèrent lors d'un séminaire à Davos (Suisse) en 1928 et qu'ils y discutèrent de ces questions ; Einstein, prix Nobel de physique en 1921, avait alors presque 50 ans et le jeune Piaget, qui débutait sa carrière, en avait 32.

2. **L'épistémologie génétique.** – L'intérêt pour l'enfance, parmi les philosophes et les scientifiques, n'était évidemment pas nouveau. Au XVIIIe siècle, Jean-Jacques Rousseau (1712-1778) en a fait, avec l'*Émile,* un point fort des Lumières (à propos de l'éducation et de l'influence de la société) et, au XIXe siècle, Darwin, dans *L'expression des émotions chez l'Homme et les animaux*, y a consacré de minutieuses études (à propos des expressions du visage et de l'émergence du langage) ; l'enfant qu'il observait était son propre bébé, Doddy Darwin. Ce qui a été radicalement nouveau, avec Piaget, c'est de considérer l'enfance comme le terrain expérimental de l'épistémologie[2], au sens des mé-

1. H. Gardner, *Les formes de la créativité,* Paris, Odile Jacob, 2001, p. 160 (1re éd., 1993).

2. Étude critique des sciences, destinée à déterminer leur origine logique, leur valeur et leur portée (philosophie des sciences). Il s'agit aussi d'une théorie générale de la connaissance : qu'est-ce que la connaissance, comment l'acquiert-on ?

canismes généraux de la construction des connaissances – la « cognition », dit-on aujourd'hui –, qu'il s'agisse de logique, de mathématiques ou de physique. Avec cette « épistémologie génétique », définie en référence à l'idée de genèse (ontogenèse)[1], c'est le regard porté sur l'enfant qui a changé. Il est devenu un « petit savant » qui s'interroge sur le réel, bricole, expérimente et, ainsi, (re)découvre les lois du monde : un « enfant mathématicien » (la construction du nombre), « logicien » (le raisonnement), etc. Étudier l'évolution des comportements de l'enfant revient dès lors à étudier la science en marche du bébé à l'adulte – « l'embryologie de la raison », selon l'expression de Piaget, c'est-à-dire les mathématiques, la logique, la physique, etc., en développement. C'est une forme d'histoire des sciences (dont l'enfant est l'acteur principal) qui s'opère en un raccourci saisissant (à peine vingt ans). Cette approche épistémologique de l'enfance explique sans doute pourquoi la théorie de Piaget a séduit – et c'est rare pour un psychologue – bien au-delà de la psychologie elle-même. En témoignent, dès le début de sa carrière, ses conversations avec Einstein, évoquées ci-dessus, mais aussi cet hommage que lui rendait en 1990 l'astrophysicien Hubert Reeves : « Le psychologue suisse Jean Piaget a été l'un des premiers à introduire la dimension historique dans l'étude de l'acquisition des connaissances. Il a reconnu d'emblée que la logique est un processus en devenir, soumis à une évolution. (...) La question posée fait surgir une évidence incontournable : *le problème de l'origine de la logique est un problème d'ordre psychologique et biologique.* »[2]

1. J. Piaget, *L'épistémologie génétique,* Paris, PUF, 1970.
2. H. Reeves, *Malicorne,* Paris, Le Seuil, 1990, p. 49.

3. **Le « cercle des sciences ».** – Établir un lien direct entre la psychologie et la biologie était, en effet, le rêve de Piaget (biologiste/zoologiste de formation), bien illustré par son « cercle des sciences ». Contre l'idée d' « échelle des sciences » qui remonte à Auguste Comte (1798-1857) (le premier échelon correspondant aux mathématiques, le « socle de pur bronze », et le dernier à la psychologie), Piaget a proposé, au milieu du XXe siècle, de « tordre l'échelle » en la recourbant sur elle-même comme un serpent qui se mord la queue. Dans le cercle des sciences ainsi constitué, la psychologie est, selon Piaget, d'une part au fondement des mathématiques, de la logique, de la physique et, d'autre part, ancrée dans la biologie, la chimie (et dans la physique si l'on achève le cercle). Ce changement radical de point de vue a donné une place inédite à la psychologie de l'enfant, au cœur même du dispositif de la science dite « dure », et a préfiguré, en Europe, le cadre interdisciplinaire actuel des sciences cognitives[1]. C'est ainsi que, dans l'*Encyclopedia of Cognitive Science* publiée en 2003 par le groupe d'édition *Nature,* Piaget figure au rang prestigieux des précurseurs[2].

Conformément à son « cercle des sciences », Piaget était donc convaincu de l'ancrage cérébral (biologie) des opérations dites « logico-mathématiques » de l'enfant, de l'adolescent et de l'adulte (psychologie). Il lui

1. O. Houdé (éd.), *Vocabulaire de sciences cognitives,* Paris, PUF, 1998 (« Quadrige », 2003).

2. L. Nadel (ed.), *The Encyclopedia of Cognitive Science,* London, Nature Publishing Group - Macmillan, 2003 ; voir aussi O. Houdé et B. Mazoyer, The cognitive revolution : American, yes, but European too, *Trends in Cognitive Sciences,* 7, p. 283-284, 2003.

manquait toutefois, à l'époque, le moyen technologique de l'observer *in vivo* : l'imagerie cérébrale fonctionnelle[1]. Il s'est donc limité, expérimentalement, à inférer les mécanismes psychologiques des opérations logico-mathématiques à partir de l'observation fine des comportements : actions et réponses verbales.

4. **Les stades de l'intelligence.** – Selon Piaget, le développement de ces comportements, et donc de l'intelligence sous-jacente, passe par une série de trois grands stades (déjà évoqués plus haut) : 1 / le stade sensori-moteur chez le bébé, 2 / le stade de préparation et de mise en place des opérations concrètes chez l'enfant, et 3 / le stade des opérations formelles chez l'adolescent.

Récusant autant l'empirisme [de John Locke (1632-1704) et de David Hume (1711-1776)], pour lequel tout provient de l'expérience par association et habitude, que l'innéisme (son opposé) qui explique tout par des structures innées [voir Descartes plus haut, mais aussi Emmanuel Kant (1724-1804) et ses « formes *a priori* » de la sensibilité], Piaget propose une théorie intermédiaire, dite « constructiviste » : les structures intellectuelles, c'est-à-dire nos pensées, nos opérations mentales, ont une genèse qui leur est propre (l'ontogenèse cognitive). De la naissance à l'âge adulte, elles se *construisent* progressivement, stade après stade (comme on monte les marches d'un escalier), dans le cadre de l'interaction entre l'individu et son environnement – ou, en termes plus biologiques, entre l'organisme et son milieu. Dans cette inter-

1. Voir O. Houdé, B. Mazoyer et N. Tzourio-Mazoyer (éd.), *Cerveau et psychologie,* Paris, PUF, 2002.

action, ce qui est essentiel pour Piaget, c'est l'*action* de l'enfant sur les objets qui l'entourent (exploration, manipulation et « expérimentation »), conception opposée à l'idée d'un apprentissage « passif » (association et habitude) propre à l'empirisme. Comme le disait Goethe (1749-1832) dans *Faust*, « Au début était l'action » ! Cette idée qui est au cœur de la psychologie piagétienne reste très actuelle. Elle est aujourd'hui défendue en neurosciences cognitives par Alain Berthoz, titulaire de la chaire de *Physiologie de la perception et de l'action* au Collège de France[1].

Dans l'interaction de l'individu avec son environnement, ce qui compte pour Piaget, c'est la dynamique « assimilation/accommodation ». En psychologie comme en biologie, l'assimilation est le processus par lequel un objet du milieu est « directement appréhendé » par la structure de l'organisme. Inversement, l'accommodation est le processus par lequel la structure de l'organisme se modifie pour s'ajuster au milieu. Piaget a vu dans cette dynamique psychobiologique, qui régit les actions de l'enfant, le moteur même du développement de l'intelligence par équilibrations et autorégulations (internes) successives.

Concernant les stades de ce développement, il distingue clairement l'intelligence du bébé (0-2 ans) de celle de l'enfant (2-12 ans). Jusqu'à l'âge de 2 ans environ, c'est le stade sensori-moteur. Le bébé interprète le monde qui l'entoure sur la base de ses sens (sensori-) et de ses actions (moteur). Dès la naissance et à partir de ses réflexes initiaux (comme la succion du sein de sa mère), il apprend certaines règles, de plus en plus

1. A. Berthoz, *Le sens du mouvement*, Paris, Odile Jacob, 1997 ; *La décision*, Paris, Odile Jacob, 2003.

compliquées au fil des mois, sur le fonctionnement du monde physique et sur sa capacité à agir dessus. Piaget appelle ces règles des « schèmes d'action » (acquis par assimilation/accommodation). Le bébé découvrira par exemple, vers 8 mois, que, quand un objet (disons : son nounours) disparaît de sa vue (caché derrière un coussin sur le canapé), cet objet continue néanmoins d'exister car il peut par ses actions 1 / écarter le cache (ici le coussin), et 2 / attraper l'objet pour le ramener à lui. C'est ce qu'on appelle « la permanence de l'objet », principe fondamental de la construction du réel (ce qui vaut pour nounours vaudra pour tous les objets du monde)[1]. Mais cette forme d'intelligence sensori-motrice (dans notre exemple, vision-action) rend le bébé très dépendant de l'instant présent. C'est déjà de l'intelligence orientée vers un but (retrouver l'objet disparu), donc l'émergence de l'*intentionnalité,* mais c'est encore une « intelligence en action ». Un autre exemple, éclairant pour Piaget, est celui de l'imitation. Au cours de sa première année, le bébé devient capable d'imiter (action) le geste qu'un adulte est en train de faire (observé par la vision), mais il n'est pas encore capable de le faire de façon différée, c'est-à-dire quelque temps après l'observation du modèle.

En revanche, vers 2 ans – changement de stade –, l'enfant devient capable de se détacher de l'action immédiate. Selon Piaget, son intelligence devient dès lors « symbolique » ou « représentative » (douée de représentation mentale). Il est toutefois difficile de concevoir que la permanence de l'objet n'exigeait pas déjà de la part du bébé une forme élémentaire de représen-

1. J. Piaget, *La construction du réel chez l'enfant,* Neuchâtel, Delachaux & Niestlé, 1937.

tation mentale (se représenter en mémoire l'objet disparu). Quoi qu'il en soit, c'est à 2 ans qu'émerge le plus clairement l'expression enfantine de la pensée symbolique : l'imitation différée (preuve d'une représentation mentale du modèle absent), le jeu dit « symbolique » (par exemple, l'enfant qui joue au téléphone avec une banane), le dessin et le langage[1]. Ces deux dernières activités symboliques, qui connaissent chez l'Homme une extraordinaire évolution par rapport aux autres animaux (jusqu'à l'art et à la littérature), permettent à l'enfant de re-décrire, ou de re-présenter, des événements vécus. Elles laissent aussi, comme le jeu, libre cours à son imaginaire.

Ainsi, l'enfant de 2 ans se sert des schèmes d'action qu'il a appris au stade sensori-moteur, mais cette fois avec une distance par rapport au réel. Il se met à les intérioriser et à les combiner mentalement. Par ce processus cognitif fondamental (intériorisation-combinaison), les actions (réelles) deviennent des *opérations* mentales. C'est le stade de la préparation (2-7 ans) et de la mise en place (7-12 ans) des opérations concrètes, qui correspond à la période essentielle où l'enfant passe de la crèche à l'école maternelle et de celle-ci à l'école élémentaire. À ce stade, l'enfant va progressivement construire les concepts fondamentaux de sa pensée, tels que le nombre, l'inclusion des classes (catégorisation)[2], etc. (nous y reviendrons dans le corps de l'ouvrage).

1. J. Piaget, *La formation du symbole chez l'enfant,* Neuchâtel, Delachaux & Niestlé, 1946.

2. J. Piaget et A. Szeminska, *La genèse du nombre chez l'enfant,* Neuchâtel, Delachaux & Niestlé, 1941 ; B. Inhelder et J. Piaget, *La genèse des structures logiques élémentaires,* Neuchâtel, Delachaux & Niestlé, 1959.

Vers 6-7 ans – « l'âge de raison » cher aux philosophes –, son intelligence va, en outre, devenir flexible. C'est ce que Piaget a appelé la « réversibilité opératoire », c'est-à-dire la capacité de l'enfant à annuler, par sa seule pensée, l'effet d'une action (en combinant une opération mentale et son inverse). Voici un exemple relatif au nombre : la tâche piagétienne dite de « conservation des quantités discrètes ». Cet exemple est emblématique de la préparation et de la mise en place des opérations concrètes. Sur une table sont disposés deux alignements de jetons (quantités discrètes) de même nombre, 6 à 8 selon les cas, et de même longueur (l'espace occupé sur la table). Vers 4-5 ans, l'enfant d'école maternelle reconnaît qu'il y a le même nombre de jetons dans chaque alignement. Cependant, si l'adulte qui réalise l'expérience écarte les jetons de l'un des deux alignements (le nombre restant identique, alors que la longueur diffère), l'enfant considérera qu'il « y a plus de jetons là où c'est plus long » ! Cette réponse verbale est une erreur d'« intuition perceptive » (longueur égale nombre) qui révèle, selon Piaget, que l'enfant n'a pas encore acquis le *concept* de nombre. À partir de 6-7 ans, en revanche (enfant d'école élémentaire), sa pensée devient flexible et l'action d'« écarter les jetons » peut être corrigée, annulée, par l'opération inverse, c'est-à-dire par la représentation mentale de l'action de « rapprocher les jetons » – d'où, cette fois, une réponse verbale d'équivalence numérique (« C'est pareil ; les jetons ont changé de place, mais tu peux les remettre comme avant »). Il y a donc, dans ce cas, réversibilité opératoire, conservation des quantités (et ce qui vaut pour les jetons vaut pour tous les objets du monde).

D'autres tâches expérimentales ingénieuses comme celle-ci ont été inventées par Piaget. Il a ainsi utilisé, au stade des opérations concrètes, des tâches de conservation (du nombre, de la substance, etc.), d'inclusion des classes et de sériation, associées à une méthode originale d'interrogation clinique (inspirée du diagnostic et de l'investigation psychiatriques) : converser librement avec l'enfant à propos de thèmes dirigés (« Y a-t-il plus de jetons quand on les écarte les uns des autres ? », « ... plus de pâte à modeler quand on aplatit la boule ? », « ... plus de marguerites ou plus de fleurs ? ») en testant la solidité de ses réponses verbales par des demandes de justification et des contre-suggestions. L'invention de ces tâches dites « piagétiennes » doit beaucoup à un travail d'équipe (l'École de Genève), notamment à Alina Szeminska et à Bärbel Inhelder.

Enfin, au dernier stade de l'intelligence, celui des opérations formelles (de 12 à 16 ans), l'enfant, devenu adolescent, acquiert la capacité de raisonner sur des propositions logiques, des idées, des hypothèses[1]. C'est ce qu'on appelle le « raisonnement hypothético-déductif » chez le scientifique, mais aussi chez tout un chacun lorsque nous raisonnons sous la forme de « Si..., alors... » (par exemple, « Si je n'avais pas acheté ce "Que sais-je ?", alors... », « Si Piaget n'avait pas existé, alors... »). On voit clairement le lien avec l'intelligence du stade précédent, mais ici une véritable « révolution cognitive » s'opère, très bien résumée par Piaget dans cette formule : « Avant l'adolescence, le possible est un cas particulier du réel,

1. B. Inhelder et J. Piaget, *De la logique de l'enfant à la logique de l'adolescent*, Paris, PUF, 1955.

après c'est le réel qui devient un cas particulier du possible ! » En un mot, le cerveau est devenu capable d'*abstraction*. De stade en stade, on est ainsi passé des schèmes d'action du bébé à la pensée logique de l'adolescent.

Cette théorie des stades de l'intelligence, qui a fait la célébrité de Piaget, est très élégante, séduisante et, à première vue, convaincante. Durant la seconde moitié du XXe siècle, elle a profondément marqué la façon de penser le développement cognitif dans le monde de la psychologie et de l'éducation. C'est toutefois elle qui, comme on va le voir, fait l'objet des critiques les plus fondées de la part de la « nouvelle psychologie de l'enfant ».

II. – La nouvelle psychologie de l'enfant

On peut en effet considérer, presque quarante ans après la première édition du « Que sais-je ? » de Piaget, qu'il y a aujourd'hui une « nouvelle psychologie de l'enfant ».

La conception du développement de l'enfant selon Piaget est, comme on l'a vu dans le point précédent, linéaire et cumulative car elle est systématiquement liée – stade après stade – à l'idée d'acquisition et de progrès [croyance en un progrès linéaire issue sans doute de la philosophie des Lumières et aussi des théories de l'évolution des espèces, notamment celle de Jean-Baptiste Lamarck (1744-1829), avant Darwin]. C'est le « modèle de l'escalier », chaque marche correspondant à un progrès, à un stade bien défini : de l'intelligence sensori-motrice du bébé (sens et actions) à l'intelligence conceptuelle et abstraite de l'enfant et de l'adolescent. Or les données actuelles indiquent que les choses ne se passent pas ainsi[1]. Le « modèle de l'escalier » cher à Piaget n'est pas le bon ou, pour le moins, pas le seul possible.

D'une part, il existe déjà chez le bébé des capacités cognitives assez complexes (connaissances physiques, mathématiques, logiques et psychologiques) ignorées par Piaget et non réductibles à un fonctionnement strictement sensori-moteur. D'autre part, la suite du développement de l'intelligence – jusqu'à l'âge adulte compris – est jalonnée d'erreurs, de biais perceptifs, de décalages inattendus (non prédits par la théorie piagétienne) et d'apparentes régressions cognitives. Ainsi, plutôt que de suivre une ligne ou un plan qui mène du sensori-moteur à l'abstrait (les stades de Piaget), l'intelligence avance de façon tout à fait biscornue !

De ce point de vue (comme nous l'avons suggéré dans *Rationalité, développement et inhibition*)[2], une bonne « épistémologie alternative » est celle de Michel Serres, de l'Académie française, pour qui le *temps de la science* fait apparaître des points d'arrêt, des ruptures, des puits, des cheminées d'accélération foudroyante, des déchirures, des lacunes[3]. Serres propose la métaphore « d'un temps qui se plie et qui se tord tel un mouchoir chiffonné au fond d'une poche », dont les rapports relèvent de la topologie, science des voisinages et des déchirures, et non de la « géométrie métrique », science des distances bien définies et stables (qui seraient ici représentées par les stades de Piaget).

1. O. Houdé, La genèse de la cognition : L'esprit piagétien et les perspectives actuelles, *in* O. Houdé et C. Meljac (éd.), *L'esprit piagétien,* Paris, PUF, 2000, p. 127-148.

2. O. Houdé, *Rationalité, développement et inhibition,* Paris, PUF, 1995.

3. M. Serres, *Éclaircissements,* Paris, François Bourin, 1992.

Cette nouvelle conception de l'histoire des sciences est beaucoup plus proche de ce qui se passe réellement dans le développement et le fonctionnement cognitifs, du bébé à l'adulte, qu'il s'agisse, comme nous allons le voir dans les chapitres suivants, de la construction de l'objet, du nombre et de la catégorisation ou du raisonnement logique[1].

Durant les années 1990, deux psychologues dits « néo-piagétiens », Robbie Case (Stanford University) et Kurt Fischer (Harvard University), ont ainsi simulé sur ordinateur les courbes du développement de l'enfant en termes de systèmes dynamiques non linéaires (en référence aux travaux de Paul van Geert, Rijksuniversiteit Groningen), c'est-à-dire de courbes moins régulières, incluant des turbulences, des explosions, des effondrements[2].

Une autre conception actuelle du développement de l'intelligence qui va contre le « modèle en escalier » de Piaget est celle de Robert Siegler (Carnegie-Mellon University)[3]. Ce psychologue propose de concevoir le développement de l'enfant comme « des vagues qui se chevauchent ». Selon cette métaphore, chaque stratégie cognitive (Siegler a notamment travaillé sur le

1. Elle est également proche – dans sa description du temps – des nouvelles théories de l'évolution des espèces, développées au XXe siècle : voir S. Gould et N. Elredge, Punctuated equilibria : The tempo and mode of evolution reconsidered, *Paleobiology,* 3, p. 115-151, 1977.

2. P. Van Geert, *Dynamic Systems of Development,* New York, Harvester, 1994 ; voir aussi L. Smith et E. Thelen, Development as a dynamic system, *Trends in Cognitive Sciences,* 7, p. 343-348, 2003 ; pour R. Case et K. Fischer, voir A. de Ribaupierre, Les modèles néopiagétiens, *Psychologie française,* 42, p. 9-21, 1997.

3. R. Siegler, *Intelligence et développement de l'enfant,* Bruxelles, De Boeck, 2000 (1re éd., 1996) ; *Enfant et raisonnement,* Bruxelles, De Boeck, 2001 (1re éd., 1998).

nombre) est comme une vague qui approche d'un rivage, avec plusieurs vagues (ou « façons de penser ») susceptibles de se chevaucher à tout moment. La hauteur de chaque vague (la fréquence d'usage des façons de penser) change continuellement et des vagues différentes sont proéminentes à des moments différents.

Quelle que soit la bonne métaphore du développement cognitif (les deux métaphores qui viennent d'être décrites ne sont pas exclusives et d'ailleurs se ressemblent beaucoup), il apparaît clairement aujourd'hui que la psychologie de l'enfant ne peut plus se réduire, comme le suggérait Piaget, à un modèle de stades « en escalier ». Les choses sont moins linéaires, plus complexes et dynamiques, comme l'avaient sans doute déjà pressenti, par leur pratique, beaucoup d'éducateurs, professeurs des écoles ou parents. L'objectif de cet ouvrage est de faire découvrir *scientifiquement* au lecteur cette « nouvelle psychologie de l'enfant » à travers des exemples simples et concrets (sans viser à l'exhaustivité) chez le bébé, l'enfant, l'adolescent et l'adulte.

Outre les questions très cognitives de la permanence de l'objet, du nombre, de la catégorisation et du raisonnement logique, nous aborderons aussi, dans le dernier chapitre, le développement sous un autre angle : celui de l' « enfant psychologue ». Piaget s'est surtout intéressé à l'enfant mathématicien, logicien et physicien. Mais dans sa vie sociale réelle, dans ses interactions avec les autres à la maison, à l'école ou dans ses loisirs, l'enfant doit aussi apprendre à être un « petit psychologue ». Il doit, en effet, constamment élaborer des « théories » sur le fonctionnement de son esprit et sur celui des autres afin de comprendre et de prédire la dynamique, parfois complexe, des comportements et des émotions (théories qui requièrent aussi des processus cognitifs comme le raisonnement). Ce courant de recherche dit des « théories de l'esprit » s'est développé après Piaget.

Il y a un point sur lequel l'œuvre de Piaget n'a pas « pris une ride » : c'est l'idée d'un ancrage fort (par son « cercle des sciences ») de la psychologie dans la biologie, même s'il n'a pas pu lui-même réaliser expérimentalement ce lien. C'est pourquoi, avant d'aborder les aspects de psychologie de l'enfant proprement dits, nous allons traiter des bases neuronales du développement.

Les critiques faites ici à la théorie des stades de Piaget n'enlèvent rien à la puissance de son œuvre et à la stature du savant. C'est le propre de la démarche scientifique que de réviser, à la lueur des faits expérimentaux nouveaux, toute théorie, si magistrale et séduisante soit-elle. Les données nouvelles qui seront présentées dans ce livre n'ont été obtenues, pour la plupart, que grâce à des techniques d'expérimentation (vidéo, ordinateur, imagerie cérébrale, etc.) peu ou pas utilisées à l'époque de Piaget.

CHAPITRE I

LE DÉVELOPPEMENT NEUROCOGNITIF

Établir un lien direct entre la psychologie et la biologie était le rêve de Piaget, bien illustré par son « cercle des sciences ». Aujourd'hui, plus que jamais, ce rapprochement s'impose, car, au cours des dernières décennies, la biologie a accompli des progrès spectaculaires. En 2002 ont été publiées les premières données sur la séquence complète du génome humain. D'ici peu, la structure de la totalité des molécules qui entrent dans la composition de notre corps (dont le cerveau) sera connue. En parallèle, les neurosciences cognitives, grâce aux nouvelles méthodes d'imagerie cérébrale[1], donnent accès à une étude objective des fonctions cognitives supérieures du cerveau. C'est ainsi que, dans son livre *L'Homme de vérité*, Jean-Pierre Changeux, du Collège de France et de l'Institut Pasteur, pose le cadre des défis neuroscientifiques actuels[2]. En ce début de XXIe siècle, fidèle à la visée interdisciplinaire de Piaget, c'est bien dans ce cadre nouveau qu'il faut situer la psychologie de l'enfant, tout particulièrement la question du développement neurocognitif.

1. O. Houdé, B. Mazoyer et N. Tzourio-Mazoyer (éd.), *Cerveau et psychologie*, Paris, PUF, 2002.

2. J.-P. Changeux, *L'Homme neuronal*, Paris, Fayard, 1983 ; *L'Homme de vérité*, Paris, Odile Jacob, 2002.

I. – Nombre de gènes et variabilité

Le cerveau humain compte environ 100 milliards de neurones (personne ne les a vraiment comptés) et de l'ordre de 1 million de milliards de connexions entre neurones. Cet organe, extraordinairement complexe, est le résultat d'une double histoire : la *phylogenèse,* ou évolution des espèces, et l'*ontogenèse,* échelle de temps beaucoup plus courte (de la fécondation à l'âge adulte) où s'inscrit le développement de l'enfant. Tous les spécialistes s'accordent aujourd'hui sur le fait que ce développement est contrôlé à la fois par les gènes (le déterminisme héréditaire lié à l'espèce) et par les conditions de l'environnement (l'expérience). La question est ici de savoir *comment* : quels sont les mécanismes qui vont des gènes à la cognition *via* le cerveau et l'expérience ?

Comme l'a montré Alain Prochiantz (École normale supérieure), l'étude des *gènes de développement* permet non seulement de comprendre le développement des organismes, mais aussi l'évolution des espèces. Une nouvelle discipline est née : l' « évodévo » ou évolution/développement. On sait, ainsi, qu'au cours de l'évolution la surface du cortex cérébral a augmenté et s'est régionalisée. Plis et circonvolutions permettent de tout empaqueter dans la boîte crânienne. L'augmentation générale de la surface du cerveau et celle des surfaces dévolues aux fonctions spécifiques ont probablement varié à la suite de mutations de gènes de développement régulant prolifération et survie cellulaires dans des régions particulières. Par exemple, les surfaces allouées aux fonctions cognitives supérieures ont augmenté chez *Homo sapiens* plus que chez les autres primates, carnivores et rongeurs[1]. Joaquim Fuster (University of California, Los Angeles) l'a bien illustré pour le cortex préfrontal – partie avant, dite « antérieure », du cerveau[2].

Ce schéma de développement/évolution est cohérent, mais, comme le remarque Changeux, deux paradoxes restent à lever : l'un, relatif au nombre total de gènes ; l'autre, à la variabilité[3].

Voici le premier paradoxe. Du ver à la souris le nombre de gènes augmente de six à huit fois, mais de la souris à l'Homme ce nombre reste approximativement constant, autour de 30 000, et – à partir des données disponibles – on ne relève que très peu de différences entre ces deux génomes. Cependant, l'organisation du cerveau (nombre de neurones et d'aires corticales) explose. Pour reprendre, en le précisant, l'exemple donné ci-dessus, la surface relative occupée par le cortex frontal s'accroît de quelques pour-cent à près de 30 %. Comment expliquer ce paradoxe de la « non-linéarité » entre le nombre de gènes et la complexité du cerveau ? Deux explications : 1 / l'immense réserve combinatoire disponible à partir de 30 000 gènes, et 2 / le fait que ces gènes ne s'expriment pas en une seule fois, mais de manière séquentielle, distribuée dans l'espace et le temps, au cours du développement.

Voici le second paradoxe. Changeux remarque que l'examen précis de la connectivité du cerveau, réalisé à l'échelle du microscope électronique chez des orga-

1. A. Prochiantz, Le développement et l'évolution du système nerveux, *in* Y. Michaud (éd.), *Qu'est-ce que la vie ?,* Paris, Odile Jacob, 2000, p. 302-310.

2. J. Fuster, *The Prefrontal Cortex,* New York, Raven Press, 1997.

3. J.-P. Changeux, Un modèle neurocognitif d'acquisition des connaissances, *in* J.-P. Changeux (éd.), *La vérité dans les sciences,* Paris, Odile Jacob, 2003, p. 61-79 ; *Gènes et culture,* Paris, Odile Jacob, 2003.

nismes simples, révèle une surprenante *variabilité*. Celle-ci persiste chez des individus génétiquement identiques – les vrais jumeaux. Avec Philippe Courrèges et Antoine Danchin[1], il explique cette variabilité dite « épigénétique » (du grec *epigignesthai,* « naître après, se produire à la suite de ») par le fait que la mise en place des connexions du cerveau au cours du développement ne se ferait pas de manière rigide, comme on assemble les circuits d'un ordinateur, mais plutôt par essais et erreurs. Selon ce modèle, il y aurait 1 / *croissance,* quelque peu au hasard des contacts entre neurones, 2 / *exubérance transitoire* et 3 / *sélection* de distributions (ou géométries) particulières de contacts synaptiques par l'activité du réseau (activité spontanée ou provoquée par l'environnement). C'est par ce processus d'épigenèse des connexions entre neurones que l'*expérience* – et, donc, la *variabilité* – peut s'inscrire de manière stable dans le cerveau.

Les « maîtres mots » de la neurobiologie actuelle du développement sont donc *gènes*, bien sûr, mais aussi *combinatoire, variabilité* et *expérience.* Il faut encore ajouter *neurogenèse,* c'est-à-dire la production de neurones nouveaux. En effet, au cours de la dernière décennie, des techniques de biologie cellulaire sophistiquées ont permis de remettre en cause le dogme selon lequel tous les neurones de notre cerveau seraient présents chez le bébé dès la naissance (le reste du développement cérébral n'étant fait *que* de connexions entre neurones). On sait maintenant que ce dogme n'est pas parfaitement exact. Des neurones continuent à être

1. J.-P. Changeux, P. Courrèges et A. Danchin, A theory of the epigenesis of neural networks by selective stabilisation of synapses, *PNAS USA,* 70, p. 2974-2978, 1973.

produits tout au long de la vie chez toutes les espèces de mammifères étudiées, y compris chez l'Homme. Elizabeth Gould (Princeton University) a ainsi démontré l'existence d'une neurogenèse dans le cortex préfrontal chez l'adulte (ainsi que dans d'autres régions du cerveau)[1]. Le rôle que peut jouer cette neurogenèse dans le développement et le fonctionnement cognitifs reste néanmoins inconnu.

II. – Le darwinisme « neuronal-mental »

Comment réaliser – ainsi que le préconisait Piaget – l'articulation entre le niveau biologique et le niveau psychologique, c'est-à-dire ici entre gènes, épigenèse neuronale (telles que ces notions viennent d'être précisées) et cognition ou intelligence ? C'est le défi relevé par le modèle actuel du darwinisme « neuronal-mental » (ou « neurocognitif »).

Ce modèle est défendu en France par Changeux et aux États-Unis par le prix Nobel de médecine et de physiologie Gerald Edelman (Rockefeller University)[2]. Il s'agit d'un développement de la pensée évolutionniste de Darwin en neurosciences et en psychologie cognitive à propos de questions fondamentales comme la construction des objets logico-mathéma-

1. E. Gould, A. Reeves, M. Graziano et C. Gross, Neurogenesis in the neocortex of adult primates, *Science,* 286, p. 548-552, 1999 ; voir aussi *La Recherche,* dossier « Neurones à volonté », n° 329, p. 28-44, 2000.

2. J.-P. Changeux et A. Connes, *Matière à pensée,* Paris, Odile Jacob, 1989 ; J.-P. Changeux, *Raison et plaisir,* Paris, Odile Jacob, 1994 ; J.-P. Changeux et P. Ricœur, *Ce qui nous fait penser : la nature et la règle,* Paris, Odile Jacob, 1998 ; voir aussi G. Edelman, *Biologie de la conscience,* Paris, Odile Jacob, 1992 (1re éd., 1990) ; G. Edelman et G. Tononi, *Comment la matière devient conscience,* Paris, Odile Jacob, 2000.

tiques, le plaisir esthétique, les règles morales, la recherche de la vérité et la conscience.

Le modèle de Changeux part du constat de l'existence de multiples niveaux d'organisation dans le système nerveux : le niveau moléculaire et cellulaire, le niveau des arcs réflexes et des circuits locaux, le niveau des assemblées (ou réseaux) de neurones, dit de l' « entendement », et enfin celui des enchaînements d'assemblées de neurones, le *raisonnement,* où s'orchestre le flux des « objets mentaux ». Dans le cadre de cette architecture neuronale, allant des aspects moléculaires et cellulaires aux objets mentaux, toute fonction, y compris cognitive, est assignée à un niveau d'organisation donné sans être en aucune façon autonome. Elle obéit aux lois du niveau juste inférieur, mais présente aussi une dépendance marquée vis-à-vis des niveaux supérieurs.

Pour rendre compte de cette double dépendance, Changeux propose un schéma darwinien de variation-sélection généralisé. Ce schéma comporte deux composants : un générateur de diversité (variation) et un système de sélection, c'est-à-dire de test. Aux niveaux les plus élaborés, l'entendement et le raisonnement, la dynamique de ce schéma est la suivante : 1 / le générateur de diversité produit dans le cerveau l'activation spontanée et transitoire d'assemblées de neurones ou « prereprésentations » (les équivalents neurocognitifs des variations darwiniennes) ; 2 / le système de sélection procède ensuite à une activité de test qui anticipe l'interaction avec l'environnement. Deux cas de figure sont possibles : soit il y a « résonance » entre l'état interne du système neuronal-mental et l'état externe, soit il n'y a pas résonance, celle-ci étant fonction de la valeur adaptative des assemblées de neurones générées. Dans le premier cas (résonance), il y a stabilisation et stockage en mémoire ; dans le second cas (non-résonance), aucune mise en mémoire n'a lieu.

On sait que le schéma de variation-sélection est classique dans le cas de l'évolution des espèces et qu'il est aussi mis en évidence dans le développement de la réponse immunologique, dans le passage du niveau cellulaire aux organismes multicellulaires, ainsi que dans la morphogenèse générale du cerveau. Mais Changeux va plus loin : il généralise le schéma darwinien à l'interaction entre le système nerveux et le monde extérieur durant le développement postnatal, du bébé à l'adulte, lors de l'acquisition des fonctions cognitives supérieures. L'évolution se réalise toutefois ici à l'intérieur du cerveau *sans changement nécessaire du matériel génétique* – contrairement à ce que croyait Piaget[1] – et dans les limites d'échelles temporelles courtes : des mois, des jours, des heures, des minutes, jusqu'à des dixièmes de secondes, pour la réorganisation des stratégies cognitives. Dans cette évolution, l'auto-évaluation joue un rôle important ; elle est informée par des systèmes complexes de récompenses.

Ce modèle présente donc l'originalité d'emboîter deux échelles de temps, la phylogenèse (évolution des espèces) et l'ontogenèse, c'est-à-dire le développement neurocognitif du bébé à l'adulte, en postulant l'existence d'un mécanisme commun de variation-sélection. Changeux souligne l'implication du cortex préfrontal, siège de la pensée, de l'abstraction, et du système limbique, siège des émotions, dans le fonctionnement de ce mécanisme.

1. J. Piaget, *Adaptation vitale et intelligence,* Paris, Hermann, 1974.

Dans *L'Homme de vérité,* il donne en exemple l'une de nos découvertes d'imagerie cérébrale sur la variation-sélection des stratégies de raisonnement dans le cerveau adulte. Avec Nathalie Tzourio-Mazoyer (CEA) et Bernard Mazoyer (Université de Caen), nous avons en effet montré le changement brutal qui se produit dans notre cerveau lorsque, au cours d'une même tâche, on passe en quelques minutes, par variation-sélection, d'un mode perceptif facile, mais souvent erroné, à un mode logique difficile et plus critique[1]. Lors de ce passage à des opérations de pensée logique, c'est-à-dire lors de l'*inhibition* du mode perceptif pour accéder à la « vérité logique » de la tâche, on observe un basculement très net d'une distribution d'assemblées de neurones située à l'arrière du cerveau à une distribution située à l'avant, dans le cortex préfrontal. La nouvelle distribution neuronale inclut notamment une région paralimbique de l'hémisphère droit dédiée aux émotions et à la peur de l'erreur (nous y reviendrons dans le chapitre IV consacré au raisonnement logique).

Par rapport à l'architecture neuronale décrite plus haut, ce résultat d'imagerie cérébrale illustre le dernier niveau, celui de l'enchaînement des assemblées de neurones, c'est-à-dire notre capacité à raisonner. Selon Changeux : « Toute théorie sérieuse de la conscience devrait se donner pour tâche d'expliquer l'orchestration de ce flux cohérent d'objets mentaux qui donne accès à la validation rationnelle d'une proposition (la logique), à cette vérité formelle qui, pour Kant, se trouve dans l'accord de la connaissance avec elle-

1. O. Houdé *et al.,* Shifting from the perceptual brain to the logical brain : The neural impact of cognitive inhibition training, *Journal of Cognitive Neuroscience,* 12, p. 721-728, 2000.

même. »[1] Plus encore que chez l'adulte, ce type d'enchaînement d'assemblées de neurones doit fortement opérer dans le développement neurocognitif de l'enfant où l'apprentissage par sélection et inhibition est essentiel[2]. La dynamique neurocognitive d'activation/inhibition est d'ailleurs, à notre sens, plus importante pour la psychologie que ne l'est la dynamique d'assimilation/accommodation (trop générale et moins critique) retenue par Piaget. On en verra des exemples dans les chapitres suivants, notamment à propos de la construction de l'objet et du nombre.

III. – Neuroscience cognitive développementale et imagerie cérébrale

Ce qui a été présenté dans les deux points précédents correspond à la conception du développement, y compris dans ses aspects cognitifs, qu'ont les biologistes contemporains (Changeux, Prochiantz, etc.). Mais la neuroscience cognitive développementale est aussi animée, complémentairement, par des psychologues de l'enfant qui « vont vers le cerveau », par exemple Mark Johnson (University of London)[3] – il y aura aussi l'exemple d'Adele Diamond dans le chapitre suivant sur l'objet chez le bébé. Un important ouvrage collectif représentant ce courant de recherche, *Handbook of Developmental Cognitive Neuroscience,* a été publié en 2001 aux États-Unis[4].

1. *L'Homme de vérité,* p. 166.
2. O. Houdé, *Rationalité, développement et inhibition,* Paris, PUF, 1995 ; voir aussi F. Dempster et J. Brainerd (eds), *Interference and Inhibition in Cognition,* New York, Academic Press, 1995.
3. M. Johnson, *Developmental Cognitive Neuroscience,* Oxford, Blackwell, 1997.
4. C. Nelson et M. Luciana (eds), *Handbook of Developmental Cognitive Neuroscience,* Cambridge, The MIT Press, 2001.

À propos de la vision et de la motricité, Johnson distingue trois cas de figure dans le développement neurocognitif de l'enfant[1]. Selon lui, l'apparition d'un comportement nouveau peut dépendre de la *maturation* d'une région spécifique du cerveau, de la *spécialisation interactive* de plusieurs régions du cerveau qui « travaillent ensemble », et donc de leur *connectivité* (les connexions entre neurones dont il a été question dans les points précédents), et/ou de l'*apprentissage d'habiletés*. Concernant ce dernier cas, Johnson suggère, à partir de travaux d'imagerie cérébrale chez l'adulte[2], que l'apprentissage visuo-moteur chez l'enfant se caractérise par le passage d'activation de régions frontales (contrôle cognitif) *durant* l'apprentissage à des régions postérieures (automatismes) *après*.

Ce schéma décrit bien les formes possibles du développement neurocognitif, mais il y manque toutefois un quatrième cas de figure[3]. En référence à nos données d'imagerie cérébrale sur le raisonnement logique chez l'adulte (évoquées plus haut pour illustrer le darwinisme « neuronal-mental » de Changeux), il apparaît que, lors de tâches cognitives de ce type, l'individu doit apprendre à *inhiber* un mode perceptif automatique pour accéder à la « vérité logique ». Dans ce cas, à l'inverse du troisième processus envisagé par Johnson (acquisition d'habiletés visuomotrices), l'apprentissage chez l'enfant devrait se

1. M. Johnson, Functional brain development in humans, *Nature Reviews Neuroscience,* 2, p. 475-483, 2001.

2. K. Sakai *et al.,* Transition of brain activation from frontal to parietal areas in visuomotor sequence learning, *Journal of Neuroscience,* 18, p. 1827-1840, 1998.

3. O. Houdé et N. Tzourio-Mazoyer, Neural foundations of logical and mathematical cognition, *Nature Reviews Neuroscience,* 4, p. 507-514, 2003.

caractériser par le passage d'activation de régions postérieures (automatismes), avant l'apprentissage, à des régions préfrontales (contrôle inhibiteur, logique) après. Comme l'écrit fort justement Alain Berthoz dans son livre *La décision*, « Le cerveau [tant de l'enfant que de l'adulte] est un cheval fougueux que l'inhibition contrôle de ses rênes. C'est le cas du cervelet [à la base du cerveau], dont tous les neurones de sortie sont inhibiteurs (les belles cellules de Purkinje !), du cortex frontal et préfrontal, des ganglions de la base, du striatum, etc. »[1]

Qu'il s'agisse de l'hypothèse d'apprentissage de Johnson ou de la nôtre (elles ne sont pas exclusives), l'idéal serait d'en tester directement la validité en imagerie cérébrale chez l'enfant (plutôt que de spéculer à partir de données sur l'adulte). Mais l'entreprise n'est pas simple.

En psychologie de l'adulte, les deux principales techniques d'imagerie utilisées pour étudier les réseaux neuronaux qui sous-tendent les fonctions cognitives sont la Tomographie par émission de positons (TEP) et l'Imagerie par résonance magnétique fonctionnelle (IRMf)[2]. On dispose ainsi, aujourd'hui, de méthodes d'imagerie tridimensionnelle qui produisent sur ordinateur des images numériques reliées à l'activité des neurones en tous points du cerveau (un rêve pour Piaget, biologiste et psychologue !). Dans le cas de la TEP, on mesure le débit sanguin cérébral dans les diffé-

1. A. Berthoz, *La décision,* Paris, Odile Jacob, 2003, p. 290 ; voir aussi S. Moutier (éd.), *Inhibition neurale et cognitive,* Paris, Hermès, 2003.

2. B. Mazoyer, *L'imagerie cérébrale fonctionnelle,* Paris, PUF, 2001 ; O. Houdé, B. Mazoyer et N. Tzourio-Mazoyer (éd.), *Cerveau et psychologie,* Paris, PUF, 2002.

rentes régions du cerveau par le biais de la concentration d'une molécule d'eau radioactive injectée à l'individu qui passe l'expérience (c'est la technique utilisée, par exemple, dans notre expérience d'apprentissage sur le raisonnement logique). Dans le cas de l'IRMf, on suit la concentration en désoxyhémoglobine, une molécule qui reflète l'oxygénation du sang. Dans les deux cas, le débit sanguin augmente localement pour réguler le métabolisme neuronal des régions du cerveau qui participent à l'accomplissement de la tâche cognitive proposée par le psychologue. On « voit » ainsi le *cerveau en action.*

Selon Michael Posner (Cornell University), l'un des pionniers en la matière : « Le microscope et le télescope ouvrirent, en leur temps, de vastes domaines de découvertes scientifiques insoupçonnées. Maintenant que de nouvelles méthodes d'imagerie permettent de visualiser les systèmes cérébraux de la pensée normale et pathologique, la cognition humaine pourrait être à l'aube de progrès similaires. »[1]

L'histoire des sciences consacrera-t-elle l'imagerie cérébrale comme le microscope de la psychologie ? Peut-être ; toujours est-il qu'aujourd'hui un grand laboratoire ne peut plus pratiquer sérieusement la psychologie cognitive sans utiliser l'imagerie.

C'est Nathalie Tzourio-Mazoyer et Bernard Mazoyer, avec Scania de Schonen (CNRS), qui ont réalisé la première expérience d'imagerie cérébrale fonctionnelle chez le bébé[2]. Selon les termes de la loi

1. M. Posner, Seeing the mind, *Science,* 262, p. 673-674, 1993 (citation, p. 673).

2. N. Tzourio-Mazoyer *et al.,* Neural correlates of woman face processing by 2-month-old infants, *NeuroImage,* 15, p. 454-461, 2002.

Huriet, qui régit en France les conditions éthiques d'expérimentation chez l'Homme, il s'agissait d'une étude avec « bénéfice direct pour la santé des individus ». En effet, les bébés, âgés de 2 mois lors de l'expérience, avaient tous connu une souffrance fœtale aiguë à la naissance. Dans ce cas, l'enregistrement en TEP de leur pattern de débit sanguin cérébral faisait partie du bilan médical (contrôle du bon fonctionnement du cerveau – qui fut avéré – avec accord des parents). L'activité cérébrale des bébés était enregistrée quand ils étaient calmes (pas de mouvements de la tête) et attentifs (yeux ouverts et regard dirigé vers les stimulations), ce qui était systématiquement contrôlé par un expérimentateur. L'expérience proprement dite a porté sur la perception de visages féminins, inconnus des bébés. Les résultats indiquent que, dès 2 mois, ils activent, dans leur hémisphère droit, la même région du cerveau que celle connue chez l'adulte pour la perception des visages (le gyrus fusiforme, sur la voie ventrale du cerveau, dite « occipito-temporale »). En outre, les bébés activent des régions de l'hémisphère gauche qui, chez l'adulte, sont associées au langage (le gyrus frontal inférieur et le gyrus temporal supérieur) – le langage articulé ne survenant chez l'enfant que vers 2 ans. Ces résultats démontrent que le développement cognitif repose très précocement (2 mois) sur l'activation fonctionnelle de régions cérébrales interconnectées (le deuxième cas de figure de Johnson, décrit plus haut) alors même que ces régions n'ont pas encore atteint leur pleine maturation (le premier cas de figure de Johnson).

Une autre étude française pionnière a été réalisée en IRMf chez le bébé par Ghislaine Dehaene-Lambertz

(INSERM)[1]. Cette fois, il s'agissait de bébés de 3 mois, dits « sains », pour lesquels l'examen d'imagerie cérébrale n'apportait pas de bénéfice direct. L'accord des parents et celui du comité d'éthique local ont été obtenus. Pour régler le problème de l'immobilité, les bébés étaient endormis, yeux fermés donc (contrairement à l'expérience précédente), ce qui, selon Dehaene-Lambertz, ne posait pas de problème car il s'agissait de stimulations auditives. Étant donné que la machine d'IRMf est elle-même très bruyante, il a fallu mettre sur les oreilles des bébés un système d'atténuation du bruit qui entourait les écouteurs par lesquels les stimulations leur étaient transmises. L'objectif de cette étude était de voir ce qui se passe dans le cerveau d'un bébé de 3 mois à qui une voix féminine raconte des histoires (comme on le fait à un enfant plus grand dont on sait qu'il comprend le langage). Les résultats indiquent que, dès 3 mois, le bébé active, dans l'hémisphère gauche, des régions dites « du langage » similaires à celles de l'adulte lorsqu'il écoute des histoires (le gyrus temporal supérieur et le gyrus angulaire). Dehaene-Lambertz en conclut que les « précurseurs des aires adultes du langage » sont déjà actifs chez le bébé, bien avant la production effective de langage.

Outre ces deux expériences sur la perception (visuelle ou auditive) chez le bébé, une série d'expériences d'IRMf utilisant des tâches plus « cognitives » chez l'enfant plus grand, comparé à l'adulte, a été réalisée aux États-Unis par l'équipe de B. J. Casey (Cornell University, dans le centre de recherche de

1. G. Dehaene-Lambertz, S. Dehaene et L. Hertz-Pannier, Functional neuro-imaging of speech perception in infants, *Science*, 298, p. 2013-2015, 2002.

Posner cité plus haut). Par exemple, il a été montré que les capacités d'inhibition cognitive et comportementale d'enfants d'âge scolaire (école élémentaire), dans une tâche dite de « go-no-go » [apprendre à répondre *(go)* ou non *(no-go)* à une stimulation visuelle] mobilisent chez eux, plus fortement que chez des adultes, certaines régions préfrontales et pariétales[1]. Tout se passe donc comme si le « coût cérébral » de l'inhibition cognitive et comportementale était plus élevé chez l'enfant que chez l'adulte, ce qui est cohérent avec les nouvelles théories du développement cognitif[2].

B. J. Casey, qui œuvre beaucoup pour l'introduction des méthodes d'imagerie cérébrale en psychologie de l'enfant, a dirigé en 2002, sur ce sujet, la publication d'un numéro spécial de la revue *Developmental Science*[3].

Depuis quelques années, les chercheurs utilisent aussi l'Imagerie par Résonance Magnétique *anatomique* (IRMa), technique complémentaire de l'IRMf, pour construire des cartes tridimensionnelles des *structures* cérébrales en développement. On a vu dans les sections I et II de ce chapitre qu'avec le développement neurocognitif de l'enfant s'opère une multiplication puis un élagage des connexions (synapses) entre neurones, d'où une diminution de la matière grise : le darwinisme « neuronal » (Changeux). Les premiers résultats d'IRMa chez les enfants indiquent que ce pro-

1. S. Durston *et al.*, A neural basis for the development of inhibitory control, *Developmental Science*, 5, p. 9-16, 2002.

2. O. Houdé, Inhibition and cognitive development, *Cognitive Development*, 15, p. 63-73, 2000.

3. *Developmental Science*, 5, p. 265-396, 2002 ; voir aussi *Trends in Cognitive Sciences*, 9, p. 91-110, 2005.

cessus est loin d'être uniforme[1]. Il s'effectue par vagues successives selon les zones du cerveau : d'abord les régions associées aux fonctions sensorielles et motrices de base ; ensuite, jusqu'à la fin de l'adolescence, les régions associées au contrôle cognitif supérieur (le contrôle inhibiteur notamment).

Après cet exposé des données actuelles sur le développement neurocognitif de l'enfant, nombre de gènes et variabilité, darwinisme « neuronal-mental », neuroscience cognitive développementale et imagerie cérébrale, il reste à présent à envisager de front le développement cognitif lui-même, tel que l'avait abordé Piaget – à savoir, la construction de l'objet, le nombre, la catégorisation et le raisonnement. À chaque fois que cela sera possible et pertinent, nous y associerons des indications sur le fonctionnement cérébral.

1. A. Toga, P. Thompson et E. Sowell, La turbulente dynamique de la matière grise, *La Recherche,* 388, p. 42-48, juillet-août 2005.

CHAPITRE II

LA CONSTRUCTION DE L'OBJET

Ce chapitre sera consacré au bébé avec l'exemple de la construction cognitive la plus fondamentale que l'enfant réalise durant les premiers mois de sa vie : l'objet. C'est l'unité de base de toutes les constructions cognitives ultérieures, qu'il s'agisse du nombre (traitement *quantitatif* des objets), de la catégorisation (traitement *qualitatif* des objets) ou du raisonnement (*hypothèses et déductions* sur des objets réels ou de pensée).

Déjà au XVIIIe siècle, avec ses mots d'encyclopédiste, Denis Diderot (1713-1784) avait touché juste : les jeunes enfants, notait-il, se demandent si ce qu'ils ont cessé de voir a cessé d'exister ; c'est à l'expérience que nous devons la notion d'existence continue des objets ! Il a fallu attendre le XXe siècle, avec Piaget, pour que cette question de la permanence de l'objet soit traitée scientifiquement. Son livre de référence est ici *La construction du réel chez l'enfant* publié en 1937[1].

I. – La permanence de l'objet

Dans ce livre, la question posée par Piaget, après Diderot, est de savoir comment et quand le bébé

1. J. Piaget, *La construction du réel chez l'enfant*, Neuchâtel, Delachaux & Niestlé, 1937.

prend « conscience » de l'existence des objets en tant que tels, au sens d'Emmanuel Kant (1724-1804), c'est-à-dire comme des choses « permanentes, substantielles, extérieures au Moi et persévérant dans l'être lorsqu'elles n'affectent pas directement la perception »[1]. Pour répondre à cette question, à première vue philosophique et abstraite, Piaget a eu l'idée « toute simple » de provoquer chez le bébé (son fils, Laurent Piaget) des conduites relatives à un objet disparu (disons : un nounours) : l'objet continue-t-il d'exister pour le bébé lorsqu'il disparaît de sa vue (lorsqu'il est caché derrière un coussin sur le canapé, par exemple), a-t-il une permanence en dehors de son expérience immédiate ? Comme nous l'avons déjà indiqué, ce qui vaut pour le nounours vaudra pour tous les objets du monde !

1. **Rechercher un objet disparu.** – Six étapes, ou sous-stades, ressortent des observations piagétiennes, étapes qui marquent, au cours de la première année de vie (on est au stade sensori-moteur), le cheminement laborieux du bébé vers l'objet permanent[2]. Selon la métaphore de l'escalier, c'est la première marche. On retiendra ici, pour l'essentiel, que la recherche *systématique* de l'objet disparu – première preuve de sa permanence – n'apparaît que vers 8 mois (le bébé devient alors capable d'aller rechercher son nounours derrière le coussin) et que cette étape est encore marquée par des erreurs de localisation. Comme le note Piaget, « lorsque l'objet disparaît successivement

1. *Ibid.*, p. 11.
2. J. Bideaud, O. Houdé et J.-L. Pedinielli, *L'Homme en développement,* Paris, PUF, 1993 (« Quadrige », 2004).

en deux endroits distincts, ou davantage, l'enfant lui confère une sorte de position absolue ; il ne tient pas compte de ses déplacements successifs, pourtant bien visibles, et paraît raisonner comme si l'emplacement où l'objet a été retrouvé la première fois demeurait celui où on le retrouvera quand on le voudra »[1].

2. **L'erreur « A-non-B ».** – Cette erreur de localisation est mise en évidence à partir du dispositif suivant : l'expérimentateur place le bébé devant deux caches A et B (deux coussins sur le canapé), aussi facilement accessibles l'un que l'autre, et introduit un objet (toujours le nounours) sous le cache A. Le bébé de 8 mois le retrouve sans peine. Après quelques répétitions de cette situation (AAA...), on transporte très visiblement l'objet sous le cache B. Si le bébé continue à rechercher l'objet sous A, il commet une erreur de localisation dite « A-non-B ». C'est ce qu'il fait jusqu'à 12 mois. Ce résultat a été répliqué dans les laboratoires de psychologie du bébé du monde entier. À noter que, pour bien s'assurer de l'initiative du bébé, on lui impose toujours un petit délai (variable selon les expériences) avant qu'il puisse déclencher sa recherche de l'objet disparu.

Selon Piaget, l'erreur A-non-B témoigne d'un défaut de permanence de l'objet, au sens où le bébé devrait savoir que l'objet continue d'exister sous le cache B lorsqu'il disparaît de sa vue en cet endroit (c'est la conservation de la permanence de l'objet à travers ses déplacements dans l'espace : de A vers B). Cette erreur, qui a fait couler beaucoup d'encre chez

1. J. Piaget, *La construction du réel chez l'enfant*, Neuchâtel, Delachaux & Niestlé, 1937, p. 43.

les psychologues, est, pour le bébé, la première d'une longue série dans son développement cognitif : « Je pense, donc je me trompe. » Dans la suite du livre, on découvrira des exemples d'erreurs célèbres de ce type jusqu'à l'adolescence et l'âge adulte avec les biais de raisonnement (erreurs systématiques) dans des tâches de logique.

La tâche A-B de Piaget reprend le principe des tâches de réponses différées (avec délai) bien connues de la communauté des neuroscientifiques et développées initialement pour tester la capacité des singes, ou d'autres espèces animales, à résoudre des problèmes sur la base d'informations mémorisées.

Mais quelle est la signification exacte de cette erreur A-non-B chez le bébé ? Signifie-t-elle réellement, comme le pensait Piaget, que l'enfant n'a pas acquis un principe solide de permanence de l'objet avant son premier anniversaire ? On peut en douter. D'autres explications sont possibles. Comme on va le voir, les données nouvelles de la psychologie du bébé conduisent à réviser l'interprétation piagétienne[1].

Il s'agit ici d'un cas de « faux négatif »[2]. On désigne par cette expression la tendance qu'ont parfois les psychologues (Piaget l'avait souvent) à conclure à tort que les enfants en échec dans une tâche (ici A-B) sont nécessairement incompétents par rapport à la notion testée. En fait, ils peuvent posséder la notion (le bébé

1. O. Houdé, Erreur A-non-B, inhibition et cortex préfrontal, *Revue de neuropsychologie,* 6, p. 329-346, 1996 ; Inhibition and cognitive development : Object, number, categorization, and reasoning, *Cognitive Development,* 15, p. 63-73, 2000 ; La genèse de la cognition, *in* O. Houdé et C. Meljac (éd.), *L'esprit piagétien,* Paris, PUF, 2000, p. 127-148.

2. R. Gelman, Constructing and using conceptual competence, *Cognitive Development,* 12, p. 305-313, 1997.

peut savoir que l'objet est *permanent* derrière A ou B), mais échouer pour bien d'autres raisons. Le travail du psychologue de l'enfant est dès lors de comprendre ces raisons, c'est-à-dire de découvrir la « logique de l'erreur ». C'est ce qu'a entrepris Adele Diamond (University of Massachusetts) à la fin des années 1980, en adoptant une approche plus neuroscientifique, fondée sur l'idée que « le développement cognitif du bébé ne doit pas seulement être conçu comme l'acquisition progressive de connaissances [ici, la permanence de l'objet], mais aussi comme relevant de la capacité d'inhibition de réactions qui entravent l'expression de connaissances déjà présentes »[1].

3. **Rôle du cortex préfrontal et de l'inhibition motrice.** – Selon Diamond, l'erreur A-non-B faite par le bébé entre 8 et 12 mois tient au défaut d'inhibition d'un geste préprogrammé (le geste dirigé vers A), en raison de la maturation insuffisante de son cortex préfrontal (voir, dans le chapitre précédent, le premier cas de figure du développement neurocognitif selon Mark Johnson)[2]. Avec Patricia Goldman-Rakic (Yale University), Diamond a réalisé une étude comparative de neuropsychologie animale où elle constate que les bébés de moins de 1 an, tout comme les singes adultes qui ont subi une ablation du cortex préfrontal,

1. A. Diamond et P. Goldman-Rakic, Comparison of human infants and rhesus monkeys on Piaget's AB task, *Experimental Brain Research,* 74, p. 24-40, 1989 ; A. Diamond, Neuropsychological insights into the meaning of object concept development, *in* S. Carey et R. Gelman (eds), *The Epigenesis of Mind,* Hillsdale, Erlbaum, 1991, p. 67-110 (citation, p. 67) ; Understanding the A-not-B error, *Developmental Science,* 1, p. 185-189, 1998.

2. M. Johnson, Functional brain development in humans, *Nature Reviews Neuroscience,* 2, p. 475-483, 2001.

échouent dans diverses tâches de réponse différée, dont la tâche A-B de Piaget, alors que les bébés de 12 mois et les singes normaux réussissent ces tâches[1].

Des enregistrements de l'activité cellulaire chez le singe éveillé[2], ainsi que des modélisations neuronales réalisées par Jean-Pierre Changeux avec Stanislas Dehaene (INSERM)[3], ont confirmé l'hypothèse, avancée par Diamond, d'un rôle décisif du système frontal dans la résolution de la tâche de Piaget. Cela a également été confirmé par des enregistrements de potentiels évoqués cérébraux réalisés directement chez le bébé par Martha Bell (Virginia Tech University) et Nathan Fox (University of Maryland)[4]. Or on sait que le cortex préfrontal participe au contrôle moteur, d'où l'accent mis, concernant l'erreur A-non-B, sur un défaut d'inhibition d'une tendance motrice dominante : le geste préprogrammé vers A.

Ainsi, pour le bébé, être intelligent ou non dans la tâche A-B de Piaget, ce ne serait pas, en soi, avoir ou non la notion de permanence de l'objet, mais plutôt être capable ou non d'inhiber un comportement moteur inadéquat : « Je pense, donc j'inhibe » – formule qui, comme nous l'avons montré dans nos travaux sur l'enfant et sur l'adulte, s'applique tout au long du développement cognitif dans divers domaines, de l'objet

1. Au cours du développement, les bébés singes, comme les bébés humains, font initialement l'erreur « A-non-B » et ensuite ne la font plus.

2. M. Watanabe, Reward expectancy in primate prefrontal neurons, *Nature,* 382, p. 629-632, 1996.

3. S. Dehaene et J.-P. Changeux, A simple model of prefrontal cortex function in delayed-response tasks, *Journal of Cognitive Neuroscience,* 1, p. 244-261, 1989.

4. M. Bell et N. Fox, The relations between frontal brain electrical activity and cognitive development during infancy, *Child Development,* 63, p. 1142-1163, 1992.

au raisonnement logique[1]. Il y a même des circonstances où les enfants plus âgés et les adultes commettent une erreur similaire à l'erreur A-non-B[2].

Et si le délai qu'on impose au bébé avant de répondre ne favorise pas l'inhibition motrice du geste préprogrammé vers A (en diminuant son impulsion)[3], c'est que l'inhibition requise n'est pas seulement motrice, mais aussi cognitive. Cela veut dire que le bébé doit inhiber un savoir en « mémoire de travail » (partie de la mémoire utilisée pour résoudre un problème). En référence aux analyses de J. Gavin Bremner (University of Lancaster), on peut penser qu'il s'agit du savoir sur les « contenants d'objet » selon lequel le bébé a l'habitude de retrouver les objets, notamment ses jouets, rangés à la même place[4]. Dans la tâche A-B de Piaget, ce savoir – cette « croyance » – serait réactualisé par le fait que l'objet est d'abord caché sous A (et il l'est même plusieurs fois !).

Le défaut d'inhibition motrice et cognitive n'est sans doute pas la seule explication de la « logique de l'erreur A-non-B ». Les raisons peuvent en être multiples et additives ainsi que l'ont bien montré les « méta-analyses » sur la question (analyses d'un grand nombre d'expériences ayant repris la tâche A-B après Piaget)[5].

1. O. Houdé, *Rationalité, développement et inhibition,* Paris, PUF, 1995 ; Inhibition and cognitive development, *Cognitive Development,* 15, p. 63-73, 2000.

2. L. Smith, E. Thelen, R. Titzer et D. McLin, Knowing in the context of acting : The task dynamics of the A-not-B error, *Psychological Review,* 106, p. 235-260, 1999.

3. R. Lécuyer, À propos de l'« erreur A-non-B », *Psychologie française,* 38, p. 63-74, 1993.

4. J. Bremner, *Infancy,* Oxford, Blackwell, 1988.

5. H. Wellman, D. Cross et K. Bartsch, Infant search and object permanence : A meta-analysis of the A-not-B error, *Mono-*

Quoi qu'il en soit, il est aujourd'hui évident, comme l'a souligné Jean Mandler (University of California), que des conduites erronées du bébé lors d'une tâche motrice, telle que celle utilisée par Piaget, ne peuvent plus être « aussi facilement » retenues comme l'indicateur d'un défaut conceptuel (défaut de permanence de l'objet)[1]. Ce faux négatif, au sens défini plus haut, a été confirmé par la découverte d'une permanence de l'objet bien plus précoce que ne le pensait Piaget (bien avant 8 mois, date de la première recherche motrice systématique d'un objet disparu).

4. **La permanence précoce de l'objet.** – Renée Baillargeon (University of Illinois) a démontré que dès 4-5 mois les bébés ont parfaitement compris que les objets continuent d'exister lorsqu'ils disparaissent de leur vue[2] ! Elle a eu l'ingéniosité d'introduire ici la méthode dite « de l'événement impossible » (ou inattendu).

Le principe de cette méthode est d'observer les réactions du bébé lors de situations impossibles, c'est-à-dire magiques (par trucage expérimental), qui ne respectent pas certaines propriétés du réel. Le psychologue se fait donc magicien. Si le bébé est surpris par ces situations inattendues, on considère qu'il conçoit

graphs of the Society for Research in Child Development, 51 (Serial 214), 1987 ; S. Marcovitch et P. Zelazo, Results from a logistic meta-analysis, *Child Development,* 70, p. 1297-1313, 1999.

1. J. Mandler, How to build a baby, *Cognitive Development,* 3, p. 113-136, 1988.

2. R. Baillargeon, E. Spelke et S. Wasserman, Object permanence in five-month-old infants, *Cognition,* 20, p. 191-208, 1985 ; R. Baillargeon, Object permanence in 3;6 and 4;6-month-old infants, *Developmental Psychology,* 23, p. 655-664, 1987 ; R. Baillargeon et J. DeVos, Object permanence in young infants, *Child Development,* 62, p. 1227-1246, 1991.

la propriété (ou principe cognitif) transgressée : par exemple, la permanence de l'objet. La surprise est en quelque sorte utilisée ici comme la « chatouille de l'âme ». À la fin du XIXe siècle, Théodule Ribot (1839-1916), titulaire de la première chaire de psychologie au Collège de France, l'avait déjà noté ; pour lui, la surprise chez le bébé était la toute première forme du sentiment intellectuel[1]. Comme on va le voir juste après (et dans le chapitre suivant sur le nombre), cette méthode, très simple, est beaucoup plus sensible que ne l'était celle de Piaget pour évaluer les compétences cognitives du très jeune bébé.

Voici la procédure utilisée par Baillargeon : 1 / Le bébé est placé face à un écran de bois relié par une charnière au plancher du dispositif, de sorte que cet écran puisse effectuer une rotation de 180° (dans un plan fronto-parallèle au bébé). On habitue alors le bébé au mouvement de rotation en aller et retour. 2 / Quand il est habitué[2], on place, sous ses yeux, un bloc de bois derrière l'axe de rotation du dispositif, de sorte que, lors de la levée de l'écran, celui-ci cache le bloc à un moment donné entre 0 et 90° (c'est l'objet disparu) et, ensuite, arrête sa rotation à 112° (là où il bute contre le bloc). Dans ce dispositif, le bébé peut être mis en présence soit d'un événement physiquement possible, la rotation de l'écran sur 112°, soit d'un événement dit « impossible » réalisé par trucage : une rotation sur 180° malgré la présence d'un solide (le bloc) sur la trajectoire de l'écran. C'est le cas de figure

1. T. Ribot, *La psychologie des sentiments,* Paris, Alcan, 1896.

2. Une diminution significative du temps de fixation visuelle (habituation) indique, à un moment donné, que la situation n'intéresse plus le bébé car elle n'est plus nouvelle pour lui ; il en a intégré cognitivement les propriétés.

« magique » qui ne respecte pas la permanence de l'objet.

L'utilisation de ce dispositif avec des bébés de 4-5 mois a permis à Baillargeon de démontrer que, lors de la phase 2, ils regardent plus longtemps – car ils sont surpris – les événements de type impossible que de type possible (comme dans toutes les expériences de cette nature, différents contrôles ont été réalisés pour étayer ce résultat). Elle en conclut que, contrairement à ce que pensait Piaget, dès cet âge, la permanence de l'objet est acquise, ainsi que le principe de solidité. On verra même, dans le chapitre suivant, que l'objet permanent, au sens de l'objet totalement disparu, peut être intégré, dès 4-5 mois, dans des activités numériques. Certains psychologues ont toutefois des difficultés à accepter ces conclusions très fortes sur la cognition du bébé[1].

Outre la découverte d'une permanence précoce de l'objet, l'important dans l'expérience de Baillargeon est que l'intelligence du bébé est testée à travers son regard et non plus seulement, comme chez Piaget, à travers ses actions (recherche d'objets disparus), encore souvent maladroites dans les premiers mois. C'est ce qu'on appelle la technique d'enregistrement des temps de fixation visuelle relatifs (relatifs aux types d'événements présentés) dont l'introduction en psychologie du bébé a bénéficié des progrès de la vidéo et

1. Selon eux, les données sur le bébé sont surinterprétées, décrivant des capacités cognitives là où des règles perceptives élémentaires suffisent (Piaget aurait partagé cet avis). En outre, certains chercheurs ne seraient pas parvenus à répliquer l'expérience de Baillargeon : voir R. Lécuyer, L'inné est-il vraiment acquis ?, *in* J.-F. Dortier (éd.), *Le cerveau et la pensée,* Auxerre, Sciences humaines Éd., 2003, p. 275-284.

de l'informatique. Roger Lécuyer (Université de Paris V) a parlé, à ce propos, de « bébés astronomes », c'est-à-dire découvrant l'univers et développant leurs connaissances à l'aide de leurs yeux (plutôt que par l'action)[1].

Le résultat de Baillargeon illustre donc bien le point de vue de Mandler selon lequel on ne peut plus considérer aujourd'hui que les conduites erronées du bébé dans la tâche motrice A-B de Piaget (d'abord l'absence de recherche en A jusqu'à 8 mois et, ensuite, l'erreur A-non-B jusqu'à 1 an) sont les indicateurs « sans appel » d'un défaut conceptuel.

En revanche, ce qui est intéressant pour comprendre en termes nouveaux le développement de l'enfant, c'est de considérer la coexistence des deux phénomènes : la permanence précoce de l'objet chez le bébé de 4-5 mois (Baillargeon) et l'erreur A-non-B, du même bébé, jusqu'à 1 an (Piaget) ! Ce paradoxe peut être élucidé, comme on l'a vu, par l'explication de l'erreur A-non-B en termes de défaut d'inhibition d'un geste inadéquat (Diamond). La thèse que nous avons défendue sur ce point dans *Rationalité, développement et inhibition* est que l'intelligence de l'enfant se définit *à la fois* par des compétences précoces *et* des erreurs tardives, ce qui rend son trajet plus biscornu qu'il ne l'était dans le modèle linéaire du progrès « en escalier » de Piaget[2].

Les enquêtes historiques ne cessent de prendre en défaut les scientifiques les plus célèbres. On est stupéfait de constater que tous se sont trompés, au sens où

1. R. Lécuyer, *Bébés astronomes, bébés psychologues,* Bruxelles, Mardaga, 1989.

2. O. Houdé, *Rationalité, développement et inhibition,* Paris, PUF, 1995.

un jour ou l'autre, et malgré leur rationalité incontestée, ils ont émis des théories délirantes, raisonné de travers, mesuré avec des appareils défectueux, conclu prématurément. Si c'est vrai des savants, pourquoi n'en serait-il pas de même des bébés qui, malgré leur notion précoce de la permanence de l'objet, font un jour l'erreur A-non-B ? Cela est une autre histoire (ou épistémologie) que celle de Piaget, mais celle-là aussi est à faire.

Ajoutons encore que, outre le singe (voir l'expérience de Diamond plus haut), beaucoup d'autres animaux possèdent la permanence de l'objet, ainsi que le relate Marc Hauser (Harvard University) dans son beau livre *À quoi pensent les animaux ?*[1]. L'avantage adaptatif conféré par un tel principe est évident.

II. – La cognition physique

Les travaux sur la permanence de l'objet s'inscrivent dans le cadre plus général de l'étude de la « cognition physique » du bébé, c'est-à-dire des connaissances précoces à propos du monde des objets : leurs propriétés et leurs relations dans l'espace. Dans ce domaine, Elizabeth Spelke (Harvard University) a mis en évidence chez le jeune bébé un certain nombre de principes cognitifs fondamentaux dont elle considère que ce sont des « noyaux innés » du cerveau humain[2].

1. M. Hauser, *À quoi pensent les animaux ?*, Paris, Odile Jacob, 2002 (1re éd., 2000).

2. E. Spelke, Initial knowledge, *Cognition*, 50, p. 431-445, 1994 ; Core knowledge, *American Psychologist*, 55, p. 1233-1243, 2000 ; E. Spelke, P. Vishton et C. von Hofsten, Object perception, object-directed action, and physical knowledge in infancy, *in* M. Gazzaniga (ed.), *The Cognitive Neurosciences*, Cambridge, The MIT Press, 1995, p. 165-179.

1. **Des noyaux innés.** – Comme dans l'expérience de Baillargeon sur la permanence de l'objet, Spelke utilise la méthode de réaction visuelle à des événements impossibles ou inattendus. Elle a ainsi montré que les bébés sont surpris – ils regardent plus longtemps – quand l'*unité* d'un objet partiellement caché n'est pas respectée (par exemple, un bâton dont le centre est caché par une boîte et qui, une fois ce cache ôté, apparaît en deux morceaux séparés par le vide du cache, plutôt qu'en un seul et unique objet). Par ailleurs, ils sont surpris 1 / quand un cube de bois qui était immobile se déplace avant même d'avoir été touché par un autre cube qui se déplaçait dans sa direction (c'est le principe de *contact*), 2 / quand une balle roule derrière un écran et ressort d'un second écran sans avoir traversé l'espace qui sépare les deux écrans (le principe de *continuité*), et 3 / quand une balle semble se déplacer selon deux itinéraires différents (le principe de *cohésion*). En revanche, les bébés ne sont pas surpris quand, par exemple, un être humain (objet animé) qui était immobile se déplace avant d'être entré en contact avec un autre qui se déplaçait dans sa direction. Ils savent que, dans ce cas, la causalité physique n'est pas requise (les intentions suffisent à mouvoir les humains) et ont donc bien compris la *spécificité* des principes physiques pour le monde des objets inanimés.

Autant de données qui conduisent Spelke à considérer que ces « connaissances noyaux » sont innées et qu'elles se manifestent dès la première année de la vie comme un cadre initial de compréhension du monde physique. D'autres psychologues, comme Baillargeon ou Lécuyer, pensent que c'est la faculté d'apprentissage par la perception, notamment visuelle, qui est innée : des bébés « programmés pour apprendre ». Selon ce point de vue, les connaissances physiques du bébé (qui ne sont pas en tant que telles innées) se construiraient précocement par des mécanismes de catégorisation des situations perçues et de raisonnement sur les variables qui les caractérisent. La première position (Spelke) est opposée au constructivisme piagétien, la seconde (Baillargeon, Lécuyer) reste constructiviste.

2. **Apprentissage, catégorisation et raisonnement.** – Dans la suite de ses travaux (après la découverte de la permanence précoce de l'objet), Baillargeon a tenté de comprendre comment se développent les connaissances des bébés en physique : quelles attentes acquièrent-ils, à quel âge et par quels processus d'apprentissage[1] ? Elle a ainsi réalisé une série d'études montrant que, lorsque les bébés apprennent des choses concernant le *support* des objets, leur *occultation,* leur *collision* et d'autres situations physiques, ils commencent par se forger un concept initial centré sur une distinction primitive binaire. Ensuite, avec l'expérience, ils identifient progressivement une série de variables qui affinent ce concept initial, donnant lieu à des prédictions et des interprétations plus exactes. Il y a donc ici catégorisation des situations physiques et raisonnement sur leurs variables. En voici un exemple.

Baillargeon a présenté à des bébés de 3 à 12 mois des situations mettant en scène une boîte et un support. La boîte était placée dans plusieurs positions par rapport au support et le bébé estimait (toujours par

1. R. Baillargeon, Les connaissances du nourrisson en physique, *in* E. Dupoux (éd.), *Les langages du cerveau,* Paris, Odile Jacob, 2002, p. 343-363 ; R. Baillargeon et S. Wang, Event categorization in infancy, *Trends in Cognitive Sciences,* 6, p. 85-92, 2002.

ses réactions visuelles aux événements possibles/impossibles) si elle devait rester stable. À 3 mois le bébé a déjà un concept initial de support centré sur une simple distinction « contact/pas de contact » (distinction binaire) : quand la boîte est en contact avec le support, il s'attend à ce qu'elle reste stable, sinon à ce qu'elle tombe (tout contact avec le support est jugé suffisant pour assurer la stabilité de la boîte). Dans les mois qui suivent, le bébé identifie progressivement une série de variables qui affinent ce concept initial. Autour de 5 mois, il commence à prendre en compte le *type de contact* entre la boîte et le support. Il s'attend maintenant à ce que la boîte reste stable quand elle est posée sur le support, mais pas quand elle touche le support latéralement. Après 6 mois, il commence à prendre en compte la *quantité de contact* entre la boîte et le support. Il s'attend dès lors à ce que la boîte ne reste stable que si plus de la moitié de la surface de son fond repose sur le support. D'autres affinements surviennent encore jusqu'à 12 mois.

Selon Baillargeon, ce qui déclenche chez le bébé l'identification d'une variable pour une catégorie de situations physiques, c'est l'exposition à des résultats contrastés qui sont inattendus sur la base de ses connaissances à un moment donné. C'est ce qu'on appelle le démenti des prévisions. Baillargeon ajoute, pour l'exemple des situations de support, que ce n'est que lorsque le bébé lui-même commence à poser des objets sur des supports (après 6 mois, quand il commence à se tenir assis seul) qu'il constate que parfois les objets restent stables, parfois non. Mais ce constat, s'il est perceptif, implique donc aussi l'*action* du bébé, ce qui rapproche – sur ce point – Baillargeon de Piaget. Elle écrit d'ailleurs que ses résultats et ses conclusions « présentent des ressemblances frappantes avec certains thèmes de Piaget »[1]. Enfin, Baillargeon avance l'idée originale de faire avec les bébés de petites « expériences d'enseignement » ou d'amorçage (les induire à intégrer des informations clés), c'est-à-dire une pédagogie ou une didactique de la physique (la gravité dans l'exemple ci-dessus) dès les premiers mois de la vie.

Ainsi, il faut retenir qu'en psychologie de l'enfant les erreurs sont aussi importantes à comprendre que les réussites ; c'est de leur logique que se déduisent les facteurs de progrès. L'apport de Piaget est ici de nous avoir fait découvrir l'erreur A-non-B, même si aujourd'hui son interprétation n'est sans doute plus la bonne car il a sous-estimé à la fois les difficultés d'inhibition du bébé (Diamond) et l'existence d'une permanence précoce de l'objet (Baillargeon). Mais s'il existe chez le bébé une cognition physique précoce, voire innée (Spelke), son affinement n'en exige pas moins, comme le pense Baillargeon et le pensait Piaget, un apprentissage par la perception et l'action.

1. R. Baillargeon, La connaissance du monde physique par le bébé : héritages piagétiens, *in* O. Houdé et C. Meljac (éd.), *L'esprit piagétien,* Paris, PUF, 2000, p. 55-87 (citation, p. 55).

CHAPITRE III

LE NOMBRE ET LA CATÉGORISATION

Dès l'instant où le bébé a « découpé » le monde physique qui l'entoure en objets uniques et permanents, son cerveau est, pour le reste de sa vie, susceptible de faire deux choses par rapport aux objets : les traiter *quantitativement* ; c'est le nombre, base des mathématiques, les traiter *qualitativement* (selon la forme, la couleur, la fonction, etc.) ; c'est la catégorisation, base des taxinomies ou classifications, y compris les plus abstraites comme celles des scientifiques par exemple.

Ces deux activités cognitives fondamentales ont fait l'objet de recherches expérimentales nombreuses en psychologie de l'enfant, au premier rang desquelles figurent, historiquement, celles de Piaget et de l' « École de Genève ». Dans ce chapitre, nous présenterons l'exemple emblématique du nombre, en raison de l'actualité des débats qu'il suscite, et évoquerons plus brièvement celui de la catégorisation[1].

I. – Le nombre

Parmi les questions débattues en psychologie, il en est une particulièrement vive : *quand* et *comment* les nombres viennent aux humains ?

1. Pour plus de détails, voir O. Houdé, *Catégorisation et développement cognitif*, Paris, PUF, 1992.

Selon Piaget et son « modèle de l'escalier », il faut attendre 6-7 ans, le stade de la mise en place des opérations concrètes, pour que l'enfant atteigne la « marche » qui correspond au concept de nombre. Comme pour la permanence de l'objet, il s'agit donc, ici, d'un développement lent et laborieux. À la question du *comment,* Piaget répond, de façon originale, que le nombre se construit chez l'enfant par une synthèse logico-mathématique de deux opérations cognitives : la classification (ou catégorisation) et la sériation. Ses livres de référence sont ici *La genèse du nombre chez l'enfant* publié avec Alina Szeminska en 1941 et *La genèse des structures logiques élémentaires* publié avec Bärbel Inhelder en 1959[1].

1. **Nombre, classification et sériation.** – La classification est testée par une tâche dite d'« inclusion des classes » où, devant dix marguerites et deux roses disposées sur une table, Piaget demande à l'enfant : « Y a-t-il plus de marguerites ou plus de fleurs ? » Jusqu'à 6-7 ans, l'enfant se trompe et répond : « Plus de marguerites » ! C'est, selon Piaget, un défaut d'inclusion de la sous-classe des marguerites dans la classe des fleurs (qui inclut aussi les roses) ; nous y reviendrons plus loin en parlant de la catégorisation. Quant à la sériation, Piaget la teste par une tâche où l'enfant doit disposer sur la table, dans un ordre croissant, des baguettes de tailles différentes. Ces deux tâches sont réussies *en même temps* vers 6-7 ans. C'est ce qu'on appelle le « syn-

1. J. Piaget et A. Szeminska, *La genèse du nombre chez l'enfant,* Neuchâtel, Delachaux & Niestlé, 1941 ; B. Inhelder et J. Piaget, *La genèse des structures logiques élémentaires,* Neuchâtel, Delachaux & Niestlé, 1959.

chronisme opératoire », critère de l'atteinte du stade des opérations concrètes.

Selon Piaget, pour construire le nombre, l'enfant doit retenir des classes leur structure d'inclusion : 1 inclus dans 2, 2 dans 3, etc., un peu comme les marguerites sont incluses dans les fleurs. C'est l'aspect « cardinal » du nombre (le cardinal est le nombre d'objets que contient une classe). Mais il doit aussi retenir de ses activités de sériation l'idée d'ordre : ce qui est vrai pour les baguettes, de la plus petite à la plus grande, l'est aussi pour les nombres : 1, puis 1 (2), puis 1 (3), etc. C'est l'aspect « ordinal » du nombre. La synthèse cognitive de la classification (inclusion) et de la sériation le conduit dès lors à comprendre que 1 est inclus dans 1 + 1, 1 + 1 dans 1 + 1 + 1, etc., ce qui constitue le nombre.

2. **L'erreur de conservation du nombre.** – La tâche utilisée par Piaget auprès des enfants pour évaluer l'atteinte de ce nombre dit « opératoire » (au sens où il dépend des *opérations* de classification et de sériation) est la conservation des quantités discrètes. Cette tâche, ainsi que la réversibilité opératoire qu'elle permet de tester, ont déjà été décrites en détail dans l'Introduction (p. 15). Rappelons simplement ici que, face à deux rangées de jetons en nombre égal mais de longueur différente (à l'issue de l'écartement des jetons de l'une des deux rangées), le jeune enfant considère, jusqu'à 6-7 ans, qu'il « y a plus de jetons là où c'est plus long » ! Cette réponse verbale est une erreur d' « intuition perceptive » (longueur égale nombre) qui révèle, selon Piaget, que l'enfant d'âge préscolaire n'a pas encore acquis le *concept* de nombre.

Conformément à sa définition du nombre, synthèse cognitive des opérations de classification et de sériation, Piaget s'est en outre attaché à montrer le synchronisme de réussite des trois tâches (au même âge de 6-7 ans, stade de mise en place des opérations concrètes) : l'inclusion des classes, la sériation des baguettes et la conservation des quantités discrètes. S'agissant de situations très variées (autres matériels, autres questions, autres notions évaluées), l'approche est ici résolument « structuraliste », c'est-à-dire que des comportements de l'enfant en apparence assez différents (inclure des fleurs, sérier des baguettes, etc.) peuvent relever d'une même construction ou *structure* cognitive : le nombre (un peu comme l'anthropologue Claude Lévi-Strauss du Collège de France découvrait, à la même époque du XXe siècle, des structures de parenté communes aux comportements de peuples assez différents)[1].

Sur cette question du nombre, la théorie de Piaget est particulièrement élégante. L'édifice est cohérent, bien structuré, mais il n'a pourtant pas résisté aux vérifications expérimentales ultérieures.

3. **Nombre, décalage et comptage.** – À la suite des travaux de Piaget, les recherches dans ce domaine n'ont cessé de se multiplier et les critiques à l'égard de la théorie piagétienne n'ont pas manqué. Tout d'abord, le synchronisme des opérations de classification, de sériation et de conservation du nombre n'a pas été confirmé : *les mêmes enfants* ne réussissent pas nécessairement ces trois tâches *au même moment* de leur développement (la dernière étant souvent réussie

1. J. Piaget, *Le structuralisme,* Paris, PUF, 1968 ; C. Lévi-Strauss, *Les structures élémentaires de la parenté,* Paris, PUF, 1949.

avant les deux premières). Ce décalage remet fortement en cause l'idée, chère à Piaget, d'une structure cognitive commune (et du stade correspondant) où le nombre serait la nécessaire synthèse logico-mathématique des opérations de classification et de sériation[1]. Comme quoi une idée très élégante – et Piaget n'en manquait pas – peut être inexacte dans les faits.

Ensuite, il est apparu de plus en plus nettement que la focalisation théorique, un peu trop abstraite, de Piaget sur l'aspect logico-mathématique et structural du nombre (nombre = classification + sériation) a été excessive, laissant dans l'ombre d'autres aspects plus fonctionnels du développement numérique, notamment le comptage. « Fonctionnel » veut dire ici « comment ça marche, comment ça fonctionne *réellement* chez l'enfant ? ». Pour Piaget, la stratégie de comptage était trop « empirique », pratique, pas assez conceptuelle du point de vue de son analyse logique du nombre. Et pourtant les petits comptent sur leurs doigts. Ils comptent même beaucoup, partout – ça fait partie de leur « boîte à outils cognitifs » –, et c'est cela aussi la psychologie de l'enfant. Pierre Gréco, un chercheur français collaborateur de Piaget à Genève dans les années 1960, avait ainsi découvert que dans la tâche de conservation des quantités discrètes, si on demande explicitement à l'enfant de compter les jetons des deux alignements avant de répondre, il réussit bien plus tôt. Ainsi, la quantité comptée est conservée avant la quantité non comptée ; c'est ce que Gréco a appelé la « quotité »[2].

1. Voir pour cette critique le beau livre de J. Bideaud, *Logique et bricolage chez l'enfant,* Lille, PUL, 1988.
2. P. Gréco, Quantité et quotité, *in* P. Gréco et A. Morf (éd.), *Structures numériques élémentaires*, Paris, PUF, 1962, p. 1-70.

4. **Comptage et nombre chez le jeune enfant.** – Sur cette question, le changement radical de perspective, par rapport à Piaget, est venu des États-Unis dans les années 1970 avec les travaux de Rochel Gelman (University of California, Los Angeles) qui non seulement a mis l'accent sur le comptage, mais a postulé l'existence précoce de cinq principes numériques chez le jeune enfant d'école maternelle[1]. Ces principes sont : 1 / le principe d'ordre stable (l'ordre des « mots de nombre » correspondant aux chiffres : un, deux, trois, quatre, etc.), 2 / le principe de stricte correspondance terme à terme (entre les mots de nombre et les objets à compter), 3 / le principe de cardinal (le mot-nombre du dernier objet désigné égale le nombre total d'objets : l'enfant qui dit « un, deux, trois, quatre... quatre ! »), 4 / le principe d'abstraction (les objets ne sont *que* des entités distinctes à compter, peu importe s'ils sont différents du point de vue de leur forme, leur couleur, etc.), enfin 5 / le principe de non-pertinence de l'ordre (peu importe l'ordre dans lequel les objets sont énumérés durant le comptage, à condition que le deuxième principe soit respecté). Ces principes ont été mis en évidence par Gelman dès l'âge de 3 ans à partir d'une tâche où les enfants devaient dire si les procédures de comptage effectuées par une poupée (manipulée par l'expérimentateur) étaient correctes ou non. Suivant les erreurs de comptage de la poupée (ordre non stable, violation de la correspondance terme à terme, cardinal désigné par un mot de nombre quel-

1. R. Gelman et C. Gallistel, *The Child's Understanding of Number,* Cambridge, Harvard University Press, 1978 ; R. Gelman et E. Meck, Preschooler's counting, *Cognition,* 13, p. 343-359, 1983 ; R. Gelman, E. Meck et S. Merkin, Young children's numerical competence, *Cognitive Development,* 1, p. 1-29, 1986.

conque, etc.), Gelman déterminait si le jeune enfant connaissait ou non chacun des principes.

En outre, Gelman distingue trois composantes dans la compétence à compter[1]. La première est la composante conceptuelle, c'est-à-dire le « savoir pourquoi » (les cinq principes énumérés ci-dessus). La deuxième est la composante procédurale : le « savoir comment » relatif à la structure et à la séquence des *actions* de comptage. Enfin, la troisième est la composante d'utilisation : le « savoir quand » relatif à la pertinence d'utilisation des deux premières composantes selon les *contextes*. Défendant l'idée que les principes (c'est-à-dire les compétences) précèdent les habiletés (performances), Gelman suggère que les difficultés numériques des enfants d'âge préscolaire (avant 6 ans) relèvent essentiellement des composantes procédurale et d'utilisation. Ce ne serait donc pas des difficultés d'ordre conceptuel ou logique comme le pensait Piaget.

Un autre apport original de Gelman est d'avoir montré à partir d'une situation appelée « la tâche magique » (dans laquelle des transformations sont faites subrepticement) que, chez l'enfant de 3-4 ans, seules les transformations qui affectent le cardinal d'un ensemble d'objets (les additions et les soustractions) suscitent une surprise, et non celles qui ne l'affectent pas (les écartements et les regroupements)[2]. C'était un

1. J. Greeno, M. Riley et R. Gelman, Conceptual competence and children's counting, *Cognitive Psychology,* 16, p. 94-143, 1984 ; O. Houdé, The concept of number, the principles-before-skills hypothesis, and the know-when in numerical reasoning, *Current Psychology of Cognition,* 14, p. 732-737, 1995.

2. R. Gelman, Logical capacity of very young children, *Child Development,* 43, p. 75-90, 1972.

pavé jeté directement dans la mare de Piaget puisqu'il prétendait, comme on l'a vu, que l'enfant de cet âge est prisonnier de son intuition perceptive selon laquelle « il y a plus de jetons là où c'est plus long », c'est-à-dire après un écartement.

Dans les années 1970-1990, à la suite de Gelman, beaucoup de chercheurs ont étudié les activités de comptage chez le jeune enfant en adoptant des conclusions tantôt proches de celles de Gelman, tantôt en accord avec l'idée piagétienne d'une construction *conceptuelle* de la série numérique jusqu'à 6 ans[1]. La question est ici de savoir si les chercheurs qui réfutent l'existence, chez le jeune enfant, de principes aussi précisément définis que ceux de Gelman (et donc de la composante conceptuelle) analysent bien les échecs des enfants en prenant en compte les trois composantes de la capacité à compter : conceptuelle, procédurale et d'utilisation. C'est loin d'être certain.

À la fin des années 1960, un psychologue français, Jacques Mehler (CNRS), a – comme Gelman – apporté un « souffle nouveau » par rapport à la théorie piagétienne. Il a en effet publié en 1967, dans la revue américaine *Science,* une forte remise en cause de la chronologie du développement du nombre selon Piaget (ce dernier était alors au sommet de sa carrière)[2]. Avec Tom Bever (Rockefeller University), Mehler a démontré que les jeunes enfants réussissent dès 2 ans une version modifiée de la tâche de Piaget quand on remplace les jetons par des bonbons ! Si

1. Voir, pour une synthèse de ces travaux, le livre de J. Bideaud, C. Meljac et J.-P. Fischer (éd.), *Les chemins du nombre,* Lille, PUL, 1991.

2. J. Mehler et T. Bever, Cognitive capacity of very young children, *Science,* 158, p. 141-142, 1967.

on leur demande de choisir une rangée de bonbons, ils optent pour celle qui contient le plus de bonbons, au détriment de l'autre, plus longue (capacité précoce qui disparaît ensuite pour revenir plus tard). L'émotion et la gourmandise (puisqu'il s'agit de manger le plus grand nombre de bonbons) rendent ainsi le jeune enfant « mathématicien » et lui font « sauter la marche » ou le stade d'intuition perceptive de Piaget (stade de préparation des opérations concrètes).

Piaget et ses collègues ont alors reproché à Mehler et Bever de ne pas avoir utilisé, comme eux, une réelle tâche de conservation du nombre où les quantités d'objets sont égales dans les deux alignements (c'est-à-dire sans ajout d'objets dans l'alignement le plus court – et par conséquent le plus dense). Mais c'est précisément là l'originalité de l'expérience des bonbons : créer un *enjeu* pour tester le nombre, ce qui exige qu'il y ait pour l'enfant un risque réel de mal choisir et donc, par définition, des alignements de quantités inégales. Le monde n'est pas seulement fait de quantités égales, de nombres qui se conservent, sans ajout ni retrait, comme le ferait croire une application trop orthodoxe de la théorie de Piaget. On peut d'ailleurs se demander, du point de vue du diagnostic cognitif, quelle est la valeur effective de tâches où l'enfant se trompe alors que le risque de se tromper n'éveille en lui aucun enjeu, aucune émotion ?

5. **Le nombre chez le bébé.** – Au début des années 1990, la recherche sur les capacités numériques précoces est allée plus loin encore : Karen Wynn (Yale University) a publié dans la revue *Nature* un article intitulé « Additions et soustractions chez les bébés hu-

mains »[1], marquant la découverte de la naissance du nombre *avant le langage* (avant 2 ans). Les observations de Wynn, menées auprès de bébés de 4-5 mois, indiquent, en effet, que ceux-ci réalisent sans difficulté l'addition 1 + 1 = 2, ainsi que la soustraction 2 – 1 = 1. Dans cette expérience, pour vérifier que les bébés savent « compter », Wynn leur présente un petit théâtre de marionnettes. D'abord, une main place un jouet (un Mickey) dans le théâtre. Ce premier Mickey est ensuite masqué, ce qui suppose de la part du bébé la permanence de l'objet (voir l'expérience de Baillargeon dans le chapitre précédent). Puis le bébé peut voir la main apporter un deuxième Mickey identique, derrière le masque (soit l'opération 1 + 1 = 2). On relève ensuite le masque. Dans certains cas, appelés « événements possibles », il y a deux Mickey (même méthodologie que celle de Baillargeon, appliquée ici au nombre). Mais, dans d'autres cas, les « événements impossibles » (ou magiques), il n'y en a plus qu'un (le deuxième a été escamoté à l'insu du bébé). La mesure du temps de fixation visuelle des bébés montre qu'ils ont perçu l' « erreur de calcul » (1 + 1 = 1) : ils regardent plus longtemps l'événement impossible que l'événement possible.

L'intérêt de cette étude est qu'elle montre que le bébé est non seulement capable de distinguer « un seul » de « plusieurs » (quand il est surpris par un événement impossible comme 1 + 1 = 1), mais que, de plus, il est capable de distinguer deux quantités différentes comme 2 et 3 (car il est aussi surpris par 1 + 1 = 3). Le bébé de 4-5 mois serait donc doté d'un

1. K. Wynn, Addition and subtraction by human infants, *Nature,* 358, p. 749-750, 1992.

mécanisme cognitif lui permettant de calculer le résultat précis d'opérations arithmétiques simples. Selon Wynn, il possède déjà de véritables concepts numériques (avec encodage de la relation d'ordre). Une explication en termes de traitement perceptif global ou holistique telle que « 1 plus 1 égale plus que 1, aussi bien 2 que 3 », par exemple, classiquement avancée pour rendre compte des capacités numériques du bébé et de l'animal, n'est, dans ce cas, plus suffisante.

Selon Wynn, le bébé humain est doté, de façon innée, d'une capacité à garder des objets en mémoire (Mickey ou autres) et à effectuer sur eux des opérations mathématiques élémentaires. Par « capacité innée », elle veut dire : intégrée dans notre équipement génétique – lui-même façonné par l'évolution biologique et la sélection naturelle – et susceptible de s'exprimer dès les premiers mois de la vie. À la suite de Wynn, Marc Hauser (Harvard University) a repris le même dispositif avec des grands singes (en remplaçant les Mickey par des aubergines) et a démontré qu'eux aussi détectent visuellement l' « erreur de calcul » dans 1 + 1 = 1 ou 1 + 1 = 3[1].

Ces résultats sur le bébé et le singe, insoupçonnés par Piaget, sont essentiels, sachant que l'arithmétique, avec la géométrie élémentaire, est le point de départ de toutes les mathématiques de notre histoire. Durant les années 1990, différents chercheurs, y compris les plus sceptiques, ont reproduit et contrôlé les résultats de Wynn, prouvant ainsi leur robustesse et leur consistance[2]. Par exemple, l'objection d'un traitement

1. M. Hauser, P. MacNeilage et M. Ware, Numerical representations in primates, *PNAS USA,* 93, p. 1514-1517, 1996.
2. K. Wynn, Findings of addition and subtraction in infants are robust and consistent, *Child Development,* 71, p. 1535-1536, 2000.

non numérique des objets fondé sur leur identité et (ou) leur localisation spatiale a été testée et réfutée[1].

Néanmoins, les résultats de Wynn ont fait couler beaucoup d'encre ! Des psychologues se sont interrogés sur ce qui se passe effectivement dans le cerveau du bébé (ou du singe) quand il regarde apparaître et disparaître les Mickey (ou les aubergines). Trois hypothèses ont été avancées : 1 / la manipulation de *symboles* non linguistiques des nombres entiers, 2 / l'accumulation (sans symbole) du *nombre d'objets* successivement perçus dans une sorte de « métronome interne », ou encore 3 / le stockage direct des *objets* (sans symbole, sans nombre) dans des « fichiers » en mémoire[2].

Selon Tony Simon (University of Pennsylvania), qui défend la dernière hypothèse, une explication non numérique des résultats de Wynn et de Hauser est possible : l'utilisation directe de fichiers d'objets dans un système de mémoire visuelle et spatiale[3]. Il en déduit que, malgré les résultats robustes et consistants de Wynn, le bébé (comme le singe) a un « cerveau sans nombre »[4] ! En accord avec Simon, beaucoup de psychologues ont adopté cette interprétation minima-

1. T. Simon, S. Hespos et P. Rochat, Do infants understand simple arithmetic ? A replication of Wynn (1992), *Cognitive Development,* 10, p. 253-269, 1995 ; E. Koechlin, S. Dehaene et J. Mehler, Numerical transformations in five-month-old human infants, *Mathematical Cognition,* 3, p. 89-104, 1997.

2. Pour une synthèse de ces débats, voir : K. Wynn, Psychological foundations of numbers, *Trends in Cognitive Sciences,* 2, p. 296-303, 1998.

3. T. Simon, Reconceptualizing the origins of number knowledge : A non-numerical account, *Cognitive Development,* 12, p. 349-372, 1997.

4. T. Simon, The foundations of numerical thinking in a brain without numbers, *Trends in Cognitive Sciences,* 3, p. 363-365, 1998.

liste des résultats de Wynn, refusant d'y voir de réelles capacités numériques du bébé.

On devrait un jour s'interroger (mais c'est un travail d'une autre nature) sur les mécanismes, sans doute profonds, qui poussent les humains adultes, dont de bons scientifiques, à vouloir réduire à leur plus simple expression les potentialités des bébés et des animaux (tendance exacerbée lorsqu'il s'agit de l'origine des mathématiques). Peut-être est-ce leur croyance, aujourd'hui contestée, dans le pouvoir fondateur absolu du langage[1] et/ou dans le « modèle en escalier » du développement de l'enfant (Piaget), en particulier, et de l'histoire des sciences en général[2] ?

6. **Et après ?** – À ceux qui mettent en doute (contre Gelman, Mehler ou Wynn) la notion du nombre que pourrait avoir l'enfant de moins de 7-8 ans (le stade « sacro-saint » de Piaget) et tout particulièrement le bébé, il faut répondre qu'une *réelle* notion logique et mathématique du nombre échappe *aussi* à l'enfant de 7-8 ans comme à l'enfant plus grand et à beaucoup d'adultes non mathématiciens. Alors, pourquoi en faire grief au bébé et au jeune enfant ? Comme l'avait déjà très bien compris John Locke (1632-1704) il y a plus de trois siècles, *nombreux sont ceux qui savent que 1 et 2 font 3 sans jamais avoir réfléchi aux axiomes qui le prouvent.* Piaget lui-même conseillait de ne pas trop s'interroger sur *ce qu'est un nombre,* mais d'étudier plutôt *ce que*

1. M. Hauser, N. Chomsky et W. Fitch, The faculty of language : What is it, who has it, and how did it evolve ?, *Science,* 298, p. 1569-1579, 2002.

2. Voir, dans l'Introduction, la critique que fait Michel Serres de cette conception linéaire du progrès des connaissances.

l'enfant peut en faire. Il a simplement sous-estimé ce que pouvaient en faire le jeune enfant, le bébé et le singe.

En dépit de ces résistances théoriques, voire philosophiques, les résultats de Wynn et de Hauser indiquent donc que le nombre vient aux animaux, dont l'Homme, bien avant l'apparition du langage, et qu'il s'inscrit biologiquement dans des systèmes visuels et spatiaux, liés à action. Par ces systèmes, les bébés comme les singes sont capables de créer des images mentales des manipulations d'objets et de mémoriser les résultats numériques attendus (qu'ils le fassent par des symboles non linguistiques, à l'aide d'un métronome interne et/ou dans des fichiers d'objets).

À cet égard, des données récentes d'imagerie cérébrale sur la cognition numérique chez l'adulte sont éclairantes. Nathalie Tzourio-Mazoyer (CEA), Laure Zago (CNRS) et Mauro Pesenti (Université catholique de Louvain) ont démontré que les régions du cerveau activées aussi bien chez nous que chez un calculateur prodige allemand, Rüdiger Gam, lors de calculs complexes (par exemple, à combien est égal 32 × 15 ?), sont non pas des aires du langage, comme certains l'avaient supposé, mais des aires occipitales, pariétales et frontales[1]. Or ces régions du cerveau sont celles de la perception, de l'attention et de la mémoire de travail visuelles et spatiales. Autant de fonctions cognitives dont sont dotés les êtres sans langage comme les bébés et les singes ! Rien n'interdit donc, contrairement à ce que pense Simon,

1. M. Pesenti *et al.*, Mental calculation in a prodigy is sustained by right prefrontal and medial temporal areas, *Nature Neuroscience*, 4, p. 103-108, 2001.

qu'avec ces fonctions cognitives leur cerveau manipule des nombres (comme les adultes, mais à un niveau de complexité moindre). Le calculateur prodige est, lui, également capable d'élever à la puissance 15 tous les nombres à 2 chiffres, de multiplier entre eux des nombres à 2 ou 3 chiffres, de calculer des sinus et des racines, de diviser entre eux deux nombres premiers et de donner le résultat avec plus de 60 décimales correctes – tout cela de tête. Ce qu'il mobilise, en plus de nous, ce sont des régions du cerveau qui servent à la mémoire à long terme dite « épisodique », c'est-à-dire à ses souvenirs tout à fait personnels avec les mathématiques. Rüdiger Gam est très entraîné ; il est prodige par ses *performances* exceptionnelles, mais ce n'est pas un génie au sens où il ferait des découvertes en mathématiques.

On se rappelle aussi – et cette fois c'était un génie – qu'Albert Einstein (1879-1955) disait utiliser avant tout des images visuelles et des représentations spatiales pour réaliser des démonstrations physico-mathématiques, le langage – la mise en mots, en formules – n'intervenant que bien après.

Il va évidemment de soi que, si le bébé a déjà des capacités numériques avant l'apparition du langage, elles sont encore rudimentaires et vont s'enrichir dans la suite de son développement cognitif, non pas pour en faire nécessairement un prodige ou un génie, mais, par exemple, pour appliquer correctement, et à de plus grands nombres que 2 ou 3, les principes de comptage de Gelman. L'école s'emparera ensuite de cette matière première et l'instruction formelle fera de certains enfants de bons mathématiciens – pourquoi pas des médaillés Fields (l'équivalent du prix Nobel pour les mathématiques) – et d'autres, des gens comme tout le monde dans la société, capables de comprendre des moyennes, des pourcentages, voire un peu plus.

Le mot « nombre » évoque ainsi des choses différentes suivant le niveau de connaissance de chacun (qui sait ce que sont exactement les nombres entiers, réels, complexes et transcendants ?). L'objet qui permet de compter dans la vie courante devient un concept abstrait lorsqu'il est utilisé dans les énoncés mathématiques.

Il reste toutefois, comme l'écrit très bien Hauser, que « le schéma du développement est comme un jeu de saute-mouton, certains aspects de notre compétence numérique apparaissant avant notre compétence linguistique, et d'autres après. Pour l'instant, on ne sait pas comment ces deux domaines de connaissance agissent l'un sur l'autre, soit au cours de l'évolution, soit au cours du développement »[1]. Avec l'apparition du langage vers 2 ans, le jeune enfant doit en effet apprendre à faire des calculs en utilisant les mots correspondant aux nombres. En développant son intelligence linguistique, il gagne en capacité d'abstraction et de manipulation symbolique, mais – comme nous l'avons montré avec Peter Bryant (Oxford University)[2] – cela provoque aussi des perturbations et des erreurs qui n'existaient pas avec l'intelligence visuo-spatiale, plus rapide, plus fluide et plus économique

1. M. Hauser, *À quoi pensent les animaux ?*, Paris, Odile Jacob, 2002, p. 85.

2. O. Houdé, Numerical development : From the infant to the child. Wynn's (1992) paradigm in 2- and 3-year-olds, *Cognitive Development,* 12, p. 373-392, 1997 ; C. Hodent, P. Bryant et O. Houdé, Language-specific effects on number computation in toddlers, *Developmental Science,* 8, p. 420-423, 2005.

(du point de vue du coût cognitif). Pour décrire ce type de phénomène, Annette Karmiloff-Smith (University of London) a introduit l'idée générale (applicable à d'autres domaines que le nombre) d'une « redescription cognitive » par laquelle l'enfant passerait de connaissances implicites (celles du bébé) à des connaissances explicites[1].

Le modèle théorique actuel qui rend le mieux compte de la complexité du développement numérique chez l'enfant d'âge préscolaire (école maternelle) et scolaire (école élémentaire) est celui de Robert Siegler (Carnegie-Mellon University), déjà cité dans l'Introduction[2]. À propos de la résolution d'opérations arithmétiques plus difficiles que celles résolues par le bébé (par exemple, 3 + 5 = ?, 6 + 3 = ?, 9 + 1 = ? ou encore 3 + 9 = ?), Siegler a démontré que l'enfant dispose d'une variété de stratégies cognitives qui entrent en compétition (un peu comme dans l'évolution biologique) : deviner, compter unité par unité avec les doigts de chaque main pour chaque opérant (3 et 5, par exemple) et recompter le tout après (8), compter à partir du plus grand des deux opérants (par exemple, à partir de 9, compter 10, 11, 12) ou encore retrouver directement le résultat en mémoire. Contre le « modèle en escalier » de Piaget (où l'enfant passe soudainement d'un stade à l'autre), Siegler propose de concevoir plutôt le développement numérique, qu'il

1. A. Karmiloff-Smith, *Beyond Modularity : A Developmental Perspective on Cognitive Science,* Cambridge, The MIT Press, 1992 ; La pensée en développement, *in* J.-F. Dortier (éd.), *Le cerveau et la pensée,* Auxerre, Sciences humaines Éd., 2003, p. 319-321 (2e éd. actualisée et augmentée ; 1re éd., 1999).

2. R. Siegler, *Intelligence et développement de l'enfant,* Bruxelles, De Boeck, 2000 ; *Enfant et raisonnement,* Bruxelles, De Boeck, 2001.

s'agisse d'additions, de soustractions ou de multiplications, comme « des vagues qui se chevauchent ». Selon cette métaphore déjà évoquée, chaque stratégie cognitive est à l'image d'une vague qui approche d'un rivage, avec plusieurs vagues (ou façons de résoudre le problème arithmétique) susceptibles de se chevaucher à tout moment et, donc, d'entrer en compétition. Avec l'expérience et selon les situations, l'enfant apprend à choisir l'une ou l'autre façon de procéder. Ce modèle de variation/sélection de stratégies a été simulé et testé sur ordinateur. Outre l'arithmétique, Siegler en a illustré le bien-fondé pour diverses acquisitions de l'enfant comme la capacité à lire l'heure, la lecture, l'orthographe, etc.

7. **Conservation du nombre et inhibition.** – Pour clore cette partie du chapitre sur le nombre, il reste, à propos de Piaget, une question théoriquement et historiquement importante. Si sa théorie des stades n'est plus adéquate, comment expliquer alors les *observations* de Piaget que personne ne conteste et qui restent, il faut bien le dire, passionnantes : en l'occurrence pour la tâche des jetons, le fait que l'enfant jusqu'à 6-7 ans (tout « bébé mathématicien » qu'il ait pu être) répond erronément qu'il y en a plus là où c'est plus long ?

En fait, tout porte à croire que ce qui pose réellement problème à l'enfant d'école maternelle dans la tâche de Piaget, ce n'est pas d'avoir ou de ne pas avoir la notion de nombre (les preuves de capacités numériques précoces sont maintenant solides), mais c'est d'*être incapable d'inhiber* une stratégie perceptive inadéquate : « longueur = nombre », stratégie qui d'habitude marche bien (tant pour l'adulte que pour l'enfant d'ailleurs). C'est la nouvelle interprétation que nous avons proposée dans *Rationalité, développement et inhibition*[1]. De la même façon, dans son livre *Interference and Inhibition in Cognition,* Frank Dempster (University of Nevada) considère que « les tâches piagétiennes de conservation et d'inclusion des classes ont plus à voir avec la capacité à résister aux interférences [ici, nombre/longueur] qu'avec la capacité de l'enfant à comprendre la logique sous-jacente »[2]. Et « résister », c'est inhiber.

Il y a, en effet, dans la tâche de conservation des quantités discrètes de Piaget, deux stratégies cognitives qui entrent en compétition (un peu comme dans le modèle de Siegler) : un « algorithme » de quantification, le comptage (lorsqu'il est nécessaire), et une « heuristique », longueur = nombre. Une heuristique est une stratégie très rapide, très efficace – donc économique pour l'enfant –, qui marche *très bien, très souvent, mais pas toujours* (à la différence de l'algorithme, plus lent, mais qui conduit *toujours* à la bonne solution). Par exemple, sur les rayons des supermarchés, en général, il est vrai que la longueur et le nombre varient ensemble (covarient) : face à deux alignements de produits du même type, celui qui est le plus long contient aussi le plus de produits. Le cer-

1. O. Houdé, *Rationalité, développement et inhibition,* Paris, PUF, 1995 ; O. Houdé, Inhibition and cognitive development : Object, number, categorization, and reasoning, *Cognitive Development,* 15, p. 63-73, 2000.

2. F. Dempster et J. Brainerd (eds), *Interference and Inhibition in Cognition,* New York, Academic Press, 1995, p. 3-26 (citation, p. 15). Voir aussi J. Pascual-Leone, Organismic processes for neo-Piagetian theories, *in* A. Demetriou (ed.), *The Neo-Piagetian Theories of Cognitive Development,* Amsterdam, North-Holland, 1988, p. 25-64.

veau de l'enfant détecte très tôt ce type de régularité visuelle et spatiale. De même à l'école ou à la maison, quand on apprend les additions et les soustractions (ajouts/retraits) avec des objets sur une table, si on additionne, on ajoute 1 ou plusieurs objets (1 + 1 + 1 + 1 + ...) et c'est plus long ; si on soustrait, c'est l'inverse. Donc là aussi, dans l'arithmétique élémentaire comme au supermarché, la longueur et le nombre covarient. C'est encore vrai dans les livres de « maths pour petits ». On y découvre en général la suite des nombres de 1 à 10 illustrée par des alignements d'objets de longueur croissante (des alignements d'animaux, par exemple). Donc, quasiment partout, sauf dans la tâche de Piaget, la longueur et le nombre varient ensemble ! C'est un exemple de ce que Maurice Merleau-Ponty (1908-1961), du Collège de France, a nommé « le monde perçu par l'enfant », désignant ainsi une forme de conscience enfantine dont il a toujours considéré que Piaget sous-estimait fortement le caractère positif – et l'avenir a donné raison à Merleau-Ponty[1].

En bref, la tâche de conservation du nombre de Piaget ne teste sans doute pas ce qu'il croyait ! Elle ne teste pas l'activation de la notion de nombre en tant que telle, mais l'inhibition de la stratégie heuristique longueur = nombre qui est suractivée par le matériel expérimental (l'écartement des jetons) et qui, dans ce cas, ne marche pas. D'où notre théorie selon laquelle ici, comme dans l'exemple de l'erreur A-non-B chez le bébé (voir le chapitre précédent sur la permanence de l'objet), « penser, c'est inhiber ». Ainsi, à un autre ni-

1. M. Merleau-Ponty, *Psychologie et pédagogie de l'enfant : Cours de Sorbonne, 1949-1952,* Lagrasse, Verdier, 2001.

veau d'organisation cognitive (le traitement quantitatif des objets), on retrouve un exemple de « faux négatif »[1], c'est-à-dire une tendance (celle de Piaget) à conclure que les enfants en échec dans une tâche (les jetons écartés) sont nécessairement incompétents par rapport à la notion testée (le nombre). Or il peut s'agir d'un défaut d'inhibition qu'il ne faut pas confondre avec un défaut numérique.

Pour vérifier cette nouvelle interprétation, nous avons mis au point une adaptation informatisée de la tâche des jetons de Piaget où la chronométrie mentale (l'ordinateur enregistre les temps de réaction en millisecondes) permet de tester le rôle de l'inhibition chez l'enfant de 8 ans qui réussit la tâche[2]. L'idée est de faire résoudre à l'enfant 1 / une tâche de type Piaget (où, par hypothèse, il doit inhiber la stratégie longueur = nombre) et 2 / de lui présenter, juste après, une situation où longueur et nombre covarient (deux alignements de jetons où celui qui est le plus long contient aussi le plus de jetons). L'enfant doit dès lors activer en 2 la stratégie qu'il vient d'inhiber en 1. Les résultats indiquent que, dans ce dernier cas, l'enfant d'école élémentaire met un peu plus de temps pour répondre (environ 150 ms) que dans une situation contrôle où il n'a pas dû résoudre d'abord la tâche de type Piaget. Ce petit décalage de temps, statistiquement significatif, est ce qu'on appelle l' « amorçage négatif », démonstration expérimentale du fait que l'enfant a bien dû inhiber, bloquer, la stratégie lon-

1. R. Gelman, Constructing and using conceptual competence, *Cognitive Development,* 12, p. 305-313, 1997.
2. O. Houdé et E. Guichart, Negative priming effect after inhibition of number / length interference in a Piaget-like task, *Developmental Science,* 4, p. 119-123, 2001.

gueur = nombre pour réussir la tâche de type Piaget (d'où le temps supplémentaire qu'il met à débloquer cette stratégie quand elle devient pertinente).

Ce résultat est en accord avec le modèle de Siegler sur la compétition entre stratégies cognitives, sauf que ce modèle ne met pas assez en avant l'importance des capacités d'inhibition de l'enfant dans le choix d'une stratégie adéquate.

Si l'on résume l'ensemble des données présentées ici sur le nombre, on peut dire que dans ce domaine fondamental de la cognition, au-delà de capacités précoces dans des situations optimales (les données sur le bébé), penser c'est aussi (chez l'enfant) redécrire en termes nouveaux, notamment avec le langage, et inhiber[1].

On pourrait aussi dire, en reprenant les choses du point de vue de Piaget, que l'*inhibition* de la stratégie perceptive longueur = nombre est d'une certaine façon un processus de *réversibilité opératoire* (voir p. 15), c'est-à-dire le fait d'annuler l'action d'écarter les jetons par l'opération mentale inverse (regrouper les jetons). Pourquoi pas ? Inhibition et annulation sont des notions assez proches. Mais ce serait alors redéfinir la réversibilité opératoire chère à Piaget dans un cadre tout à fait nouveau, prenant acte de ce qui a été dit dans ce chapitre sur les capacités numériques précoces (par rapport auxquelles le défaut tardif d'inhibition prend tout son sens). Cela signifie aussi de considérer que « longueur = nombre » est simplement une *stratégie heuristique* qui doit être inhibée dans la tâche de Piaget et non un mode de pensée enfantin

1. O. Houdé, De la pensée du bébé à celle de l'enfant : L'exemple du nombre, *in* J.-F. Dortier (éd.), *Le cerveau et la pensée,* Auxerre, Sciences humaines Éd., 2003, p. 311-318 (2e éd. actualisée et augmentée ; 1re éd., 1999).

correspondant à un *stade de développement* (stratégie heuristique toujours utilisée, dans beaucoup de situations, par l'enfant plus grand et par l'adulte).

Faire progresser la pensée ne signifie pas seulement refuser le passé : c'est parfois le re-visiter pour comprendre non seulement ce qui a été effectivement dit (la réversibilité opératoire de Piaget), mais aussi ce qui aurait pu être dit (l'inhibition) ou, du moins, ce que l'on peut dire aujourd'hui (et peut-être aujourd'hui seulement) à partir de ce qui a été dit auparavant[1].

Quoi qu'il en soit, les données et débats présentés ici sur le nombre, bien que l'exposé en ait été très partiel, suffisent à illustrer la grande vivacité de la psychologie de l'enfant, avec et après Piaget.

II. – La catégorisation

L'intelligence est toujours « en marche », en activité, sauf pendant les périodes de repos du cerveau (et encore ?). Quand l'enfant ne traite pas les objets quantitativement (le nombre), il les traite *qualitativement* selon la forme, la couleur, la fonction, etc. : c'est la catégorisation. Il peut aussi faire les deux en même temps : par exemple, compter les objets de chaque couleur dans un tas d'objets. Catégoriser est donc une activité cognitive fondamentale, omniprésente. On sait aujourd'hui, par l'imagerie cérébrale, que notre cerveau n'utilise pas les mêmes régions selon qu'on catégorise, par exemple, des outils (régions liées à l'action) ou des animaux (régions visuelles)[2]. Nous avons tous

1. Paraphrase de Umberto Eco dans *Sémiotique et philosophie du langage,* Paris, PUF, 1988 (p. 13).
2. A. Martin, C. Wiggs, L. Ungerleider et J. Haxby, Neural correlates of category-specific knowledge, *Nature,* 379, p. 649-652, 1996.

fait étant petits, par jeu et par passion, des catégories ou collections d'objets divers : petites voitures, soldats, perles, etc. On continue d'ailleurs à l'âge adulte chacun chez soi ou à son travail et, lorsqu'il s'agit de science, on appelle cela des « taxinomies ». Par exemple, les chapitres de ce livre correspondent à une taxinomie psychologique des activités cognitives : objet, nombre, catégorisation, raisonnement, etc., et dans cette dernière catégorie on verra qu'il y a encore des sous-catégories : le raisonnement sur des règles conditionnelles ou sur des syllogismes. Depuis Carl von Linné (1707-1778), les taxinomies des plantes et des animaux sont sans doute les plus célèbres. La visite de sa maison près d'Uppsala, en Suède, est à cet égard émouvante : on y découvre, dans le concret du quotidien, des étagères et petits casiers de bois qui correspondent aux catégories devenues, dans l'abstrait et pour l'histoire, des taxinomies universelles.

Une fois de plus, c'est à Piaget que l'on doit d'avoir ramené cette problématique très générale, la catégorisation, à la psychologie de l'enfant. Son ouvrage de référence est ici *La genèse des structures logiques élémentaires* publié avec Bärbel Inhelder en 1959[1].

1. **Catégorisation et logique des classes.** – Selon Piaget, pour catégoriser de façon logique (formes géométriques, fleurs, animaux, etc.), l'enfant doit apprendre à utiliser un système de classes (de type A, A′ et B telles que B = A + A′, l'intersection entre A et A′ étant vide), c'est-à-dire distinguer et coordonner en « compréhension » et en « extension » les classes im-

1. B. Inhelder et J. Piaget, *La genèse des structures logiques élémentaires,* Neuchâtel, Delachaux & Niestlé, 1959.

pliquées. C'est ce qu'on appelle la « logique des classes ».

Un exemple et quelques mots d'explication : imaginez qu'on dispose sur une table, devant l'enfant, des fleurs (B) incluant des marguerites (A) et des roses (A′). La *compréhension* (on dit aussi l'*intension*) correspond à l'ensemble des ressemblances, des propriétés qui existent entre les objets à classer (les critères de catégorisation : forme, couleur, nom de fleur, etc.), alors que l'*extension* délimite l'ensemble des objets présents auxquels s'appliquent ces propriétés (par exemple, toutes les marguerites et rien que les marguerites). L'extension est donc quantifiable : l'enfant peut compter le nombre de marguerites, de roses ou de fleurs sur la table. D'où l'idée qu'a eue Piaget de tester l'enfant en lui posant une question dite de « quantification de l'inclusion ».

2. **L'erreur d'inclusion.** – C'est la tâche déjà évoquée plus haut, avec celle de sériation, pour décrire les fondements du nombre. La tâche d'inclusion consiste à présenter à l'enfant, par exemple, dix marguerites (A) et deux roses (A′) en lui demandant : « Y a-t-il plus de marguerites ou plus de fleurs ? » (donc plus de A ou plus de B ?). Jusqu'à 6-7 ans, l'enfant se trompe et répond : « Plus de marguerites ! » C'est, selon Piaget, un défaut d'inclusion de la sous-classe des marguerites dans la classe des fleurs (qui inclut aussi les roses). Cette réponse verbale est une erreur d'intuition perceptive (en raison de la saillance visuelle et spatiale des dix marguerites par rapport aux deux roses) qui révèle que l'enfant n'a pas encore acquis un mode de catégorisation logique, au sens du système des classes A, A′ et B défini plus haut. À partir de 6-7 ans en

revanche (enfant d'école élémentaire), il devient capable de réponses correctes du type « Plus de fleurs que de marguerites parce que les roses sont aussi des fleurs ». La logique des classes, appliquée à des objets concrets, est dès lors acquise – en même temps que le nombre selon Piaget. C'est à nouveau le « fameux stade » de la mise en place des opérations concrètes.

3. **Une autre erreur.** – À la suite de ces travaux pionniers, les recherches dans ce domaine n'ont cessé de se multiplier et, comme pour le nombre, les critiques à l'égard de la théorie de Piaget n'ont pas manqué. Toutefois elles se sont d'abord développées ici en « sens inverse » de celles relatives au nombre, c'est-à-dire en mettant l'accent sur une incapacité, ou erreur d'inclusion, tardive – non prévue par Piaget –, plutôt que sur des capacités précoces.

Durant les décennies 1970 et 1980, plusieurs chercheurs, Claude Voelin en Suisse (Université de Lausanne), Ellen Markman aux États-Unis (Stanford University), Jacqueline Bideaud, Jacques Lautrey (Université de Paris V) et nous-même en France avons découvert que, au stade dit de « catégorisation logique » selon Piaget (entre 7 et 12 ans), les enfants n'étaient pas logiques du tout, commettant encore une grossière erreur d'inclusion[1]. Stades et structures de Piaget volaient ainsi en éclats ! Plutôt que d'être logique, l'enfant *bricole,* a dit alors très habilement Bideaud[2]. En voici un exemple à partir du même matériel de fleurs : on demande à l'enfant qui a d'abord répondu

1. Pour une synthèse de ces travaux, voir O. Houdé, *Catégorisation et développement cognitif,* Paris, PUF, 1992.

2. J. Bideaud, *Logique et bricolage chez l'enfant,* Lille, PUL, 1988.

correctement à la question d'inclusion de Piaget (en disant « Plus de fleurs ») : « Oui, mais peut-on faire quelque chose ou ne peut-on rien faire pour avoir plus de marguerites que de fleurs ? » (donc plus de A que de B ?). Chacun d'entre nous sait que c'est impossible. Nous en sommes même absolument certains (c'est ce qu'on appelle la « nécessité logique »). L'enfant de plus de 7 ans devrait l'être aussi selon Piaget. Pourtant, il se trompe et répond, jusqu'à l'âge de 12 ans : « T'as qu'à rajouter des marguerites ou enlever des fleurs ! »

Bideaud et Lautrey ont alors pensé que la catégorisation logique devait arriver bien plus tard que ne le pensait Piaget, au début de l'adolescence (un passage tardif du « bricolage cognitif », encore empirique, à la logique)[1]. Mais n'est-on pas à nouveau ici en présence d'un faux négatif, et même de deux faux négatifs : la tâche de Piaget et sa nouvelle version modifiée ?

Sur ce point (contrairement à l'objet et au nombre), Piaget lui-même en a fait l'aveu dans un livre ultérieur, *Vers une logique des significations,* publié de façon posthume en 1987[2]. Il y écrit, en le démontrant expérimentalement, que, dès 5 ans, « l'inclusion ne soulève pas de problème sauf naturellement quant aux quantifications de A, A′ et B étudiées jadis [dans le livre de 1959] lorsque les A′ sont bien moins nombreux que les A » (les deux roses et les dix marguerites)[3]. Piaget reconnaît donc que l'erreur de l'enfant de moins de 6 ans dans sa tâche classique d'inclusion où

1. J. Bideaud et J. Lautrey, De la résolution empirique à la résolution logique du problème d'inclusion, *Cahiers de psychologie cognitive,* 3, p. 295-326, 1983.

2. J. Piaget et R. Garcia, *Vers une logique des significations,* Genève, Murionde, 1987.

3. *Ibid.*, p. 128.

il y a un piège perceptif sur les extensions (tâche qui a quand même fait le tour du monde, des laboratoires et des écoles !) ne veut pas dire que l'enfant n'a pas acquis la notion d'inclusion.

Cela ne signifie pas que les tâches piagétiennes ne sont pas de bonnes tâches de psychologie de l'enfant, bien au contraire. L'intérêt de cette discipline est qu'elle a précisément un côté « farces et attrapes ». Simplement, une fois de plus, la tâche de catégorisation de Piaget teste moins la logique en tant que telle (ici l'inclusion des classes) que la capacité de l'enfant à inhiber des interférences : dans ce cas, la prégnance perceptive créée par la très grande extension des marguerites (dix), comparativement à celle des roses (deux).

Là où les choses sont compliquées, c'est que Piaget choisissait *sciemment* des tâches piégeantes pour voir si la rationalité de l'enfant y résisterait. Mais résister, c'est inhiber, et l'inhibition ce n'est en soi ni de la permanence de l'objet, ni du nombre, ni de la catégorisation logique. C'est, comme l'a bien montré la psychologie cognitive contemporaine (ainsi que la neuropsychologie clinique et la neuroscience cognitive), une *fonction exécutive,* c'est-à-dire une fonction du cerveau (cortex préfrontal) qui permet de contrôler l'exécution des conduites et, lorsque la situation l'impose, de prendre des décisions stratégiques[1].

1. W. Neill, L. Valdes et K. Terry, Selective attention and the inhibitory control of cognition, *in* F. Dempster et J. Brainerd (eds), *Interference and Inhibition in Cognition,* New York, Academic Press, 1995, p. 207-261 ; E. Smith et J. Jonides, Storage and executive processes in the frontal lobes, *Science,* 283, p. 1657-1660, 1999 ; E. Miller, The prefrontal cortex and cognitive control, *Nature Reviews Neuroscience,* 1, p. 59-65, 2000.

Dès lors, les erreurs encore plus tardives d'inclusion doivent être interprétées dans cet esprit et non pas, comme le pensaient Bideaud et Lautrey, en termes de « logique absente »[1]. Quand un adulte demande à un enfant entre 7 et 12 ans : « Peut-on faire quelque chose ou ne peut-on rien faire pour avoir plus de marguerites que de fleurs ? » et que, par ailleurs, on lui apprend à l'école, à longueur de journée, qu'en arithmétique pour avoir « plus de... » on ajoute et pour avoir « moins de... » on enlève, tout porte à croire que ce qui pose réellement problème à l'enfant ce n'est pas l'inclusion des classes elle-même – en accord avec Piaget cette fois. C'est plutôt l'inhibition de la stratégie habituelle d'ajout/retrait, suractivée par la question posée (et dont on a vu qu'elle était déjà active chez le bébé).

4. **La catégorisation chez le jeune enfant et le bébé.** – Ce schéma d'interprétation est aussi cohérent avec la découverte, durant les décennies 1980 et 1990, de capacités beaucoup plus précoces de catégorisation logique chez le jeune enfant et le bébé (comme pour le nombre). Par manque de place, nous n'entrerons pas ici dans le détail[2]. Mentionnons simplement qu'il y a déjà le constat de Piaget lui-même, évoqué ci-dessus.

1. Erreurs dans lesquelles retombent des adolescents et jeunes adultes (de 14 à 21 ans) victimes d'une lésion du cortex préfrontal et qui présentent un déficit d'inhibition lors de tests neuropsychologiques des fonctions exécutives : O. Houdé et C. Joyes, Développement logico-mathématique, cortex préfrontal et inhibition : l'exemple de la catégorisation, *Revue de neuropsychologie*, 5, p. 281-307, 1995.

2. Voir, pour une synthèse : M. Haith et J. Benson, Infant cognition, *in* D. Kuhn et R. Siegler (eds), *Handbook of Child Psychology* (vol. 2), New York, John Wiley, 1998, p. 199-254.

Plutôt que de piéger l'enfant d'école maternelle sur les extensions perceptives des A et des A′, Piaget, dans ses derniers travaux, lui présentait un modèle figurant clairement l'inclusion : un tout B représenté par un cercle et séparé en deux parties A et A′ au moyen d'une ligne. Il faisait alors raisonner l'enfant, pour les mêmes objets (toujours les marguerites et les roses, par exemple), sur leur propriété commune (B) et sur leurs propriétés différenciées (A et A′). Dans ces conditions, dès 5 ans l'enfant manifeste qu'il a très bien compris l'inclusion de la sous-classe des A (comme des A′) dans la classe des B. À partir d'une tâche de choix orienté (un peu comme un « QCM d'objets ») mise au point par Katherine Nelson (City University of New York), nous avons nous-même montré qu'au même âge l'enfant est capable de regrouper les objets (animaux, meubles, véhicules, vêtements, nourriture, etc.) selon un mode de catégorisation taxinomique, c'est-à-dire fondé sur un critère général d'inclusion logique[1]. Ce critère est indépendant des proximités spatiales (scènes) ou temporelles (scripts) entre les objets dans la vie quotidienne (par exemple, l'enfant qui regroupe un lion et une poule, ou encore un fauteuil de jardin et une commode, etc.). D'autres chercheurs sont allés plus loin et ont trouvé des traces de catégorisation taxinomique dans les activités perceptives des bébés[2]. À partir d'observations très fines de séquences de ma-

1. K. Nelson, Where do taxonomic categories come from ?, *Human Development,* 31, p. 3-10, 1988 ; O. Houdé, *Catégorisation et développement cognitif,* Paris, PUF, 1992 ; O. Houdé et C. Charron, Catégorisation et logique intensionnelle chez l'enfant, *L'Année psychologique,* 95e année, p. 63-86, 1995.

2. Par exemple, G. Behl-Chada, Basic-level and superordinate-like categorical representations in early infancy, *Cognition,* 60, p. 105-141, 1996.

nipulation d'objets, Jonas Langer (University of California, Berkeley), un psychologue néo-piagétien, a en outre décrit l'existence d'une protologique des classes dès la première année de la vie (entre 6 et 12 mois)[1]. Cette logique est dite « pragmatique » dans le sens où elle n'existe que *dans les actions* du bébé.

Par ailleurs, il est aussi connu que les animaux, notamment les grands singes, partagent avec nous un certain nombre d'activités de catégorisation, comme l'ont par exemple montré Marc Hauser, Jacques Vauclair (Université de Provence) et aussi Langer, cité ci-dessus, dans une étude comparative entre primates humains (bébés) et non humains[2].

Mais le bébé et l'enfant ne sont évidemment pas que des êtres logiques. De multiples formes de catégorisation non logique – scènes, scripts, protoptypes (objets typiques de référence liés à des expériences concrètes) – se chevauchent tout au long du développement (pour reprendre la métaphore des vagues de Siegler) et peuvent même parfois entrer fortement en compétition avec la logique, ce qui exige, ici aussi, des capacités d'inhibition[3].

Ainsi, qu'il s'agisse du nombre ou de la catégorisation, ce chapitre, comme le précédent sur l'objet, a

1. J. Langer, *The Origins of Logic : Six to Twelve Months,* New York, Academic Press, 1980 ; The descent of cognitive development, *Developmental Science,* 3, p. 361-378, 2000.

2. M. Hauser, *À quoi pensent les animaux ?,* Paris, Odile Jacob, 2002 ; J. Vauclair, *La cognition animale,* Paris, PUF, 1996 ; D. Bovet et J. Vauclair, Functional categorization of objects and their pictures in baboons, *Learning and Motivation,* 29, p. 309-322, 1998 ; P. Poti, J. Langer, S. Savage-Rumbaugh et K. Brakke, Spontaneous logicomathematical constructions by chimpanzees, *Animal Cognition,* 2, p. 147-156, 1999.

3. O. Houdé, *Catégorisation et développement cognitif,* Paris, PUF, 1992.

révélé que, d'une part, il existe déjà chez le bébé des capacités cognitives assez complexes, ignorées par Piaget, et que, d'autre part, la suite du développement de l'intelligence est jalonnée d'erreurs, de biais perceptifs, de décalages inattendus (non prédits par la théorie piagétienne) et d'apparentes régressions cognitives.

Comme le lecteur doit maintenant s'y attendre, on va voir dans le chapitre suivant que le raisonnement chez l'adolescent et l'adulte reste tout aussi biscornu ! L'enjeu est toutefois de découvrir la logique cognitive et cérébrale de cette aventure pour le moins mouvementée.

CHAPITRE IV

LE RAISONNEMENT LOGIQUE

Pour bien comprendre la complexité de la psychologie de l'enfant, il faut non seulement aller voir du côté du bébé et même du singe (chap. II et III), mais aussi du côté des « grands enfants » que sont l'adolescent et, d'une certaine façon, l'adulte. C'est pourquoi il sera ici question de problèmes de logique où les adultes aussi peuvent se trouver en difficulté, de la même façon que le sont les bébés et les enfants dans des problèmes (plus simples pour nous mais compliqués pour eux) de permanence de l'objet, de nombre ou de catégorisation.

Depuis Aristote, on sait que l'essence du raisonnement humain est le *logos,* c'est-à-dire à la fois la raison (logique) et le langage. Toutefois, au XVIIe siècle, René Descartes nous a aussi montré, dans sa *Méthode,* que l'Homme doit apprendre à rediriger son esprit, des erreurs de raisonnement vers la pensée logique.

I. – Logique et pensée

Il y a ainsi, de l'Antiquité à nos jours, un fil conducteur évident entre Aristote, Descartes et Piaget, entre les pères de la philosophie, de la science, et celui de la psychologie de l'enfant. Selon Piaget, c'est à l'adolescence, de 12 à 16 ans, que se met en place la pensée logique ou formelle, dite « hypothético-déductive ». C'est, enfin, la toute dernière marche de l'escalier !

Comme Piaget l'écrivait, même « si ces transformations conduisent en un sens au terme de l'enfance, elles n'en sont pas moins essentielles à considérer ici, parce que, tout en ouvrant de nouvelles perspectives sur les âges ultérieurs, elles représentent en même temps un achèvement par rapport aux périodes précédentes »[1].

1. **La pensée hypothético-déductive.** – On utilise ce type de pensée à chaque fois qu'on raisonne en utilisant un énoncé verbal de la forme *Si-alors* : la partie « Si... » (l'antécédent) correspond à l'hypothèse et la partie « alors... » (le conséquent) à la déduction. Par exemple, vous pourriez vous dire : « Si je n'avais pas lu les chapitres précédents, alors j'ignorerais qu'Houdé va me dire que Piaget est très bien, mais qu'en réalité il s'est trompé. » Cet exemple correspond même à ce qu'on appelle du raisonnement *contrefactuel* – la capacité de notre cerveau à raisonner *contre* les *faits* réels – puisque tout porte à croire que vous avez bien lu les chapitres précédents (ce qui est le fait).

Comme on l'a vu jusqu'ici, Piaget s'est attaché à montrer que *la logique est la forme optimale de l'adaptation biologique,* construite par étapes successives, du cerveau du bébé à celui de l'adolescent, c'est-à-dire des adaptations sensorielles et motrices élémentaires aux adaptations cognitives, d'abord concrètes, puis formelles. La clé du développement et du fonctionne-

1. J. Piaget et B. Inhelder, *La psychologie de l'enfant,* Paris, PUF, 1966, p. 104.

ment cognitifs est, selon ce schéma, la coordination logique des informations.

Pour différencier ce nouveau stade (les opérations formelles) du précédent (les opérations concrètes : nombre, catégorisation, etc.), Piaget a utilisé cette très belle formule, déjà citée dans l'Introduction : « Avant l'adolescence, le possible est un cas particulier du réel, après c'est le réel qui devient un cas particulier du possible ! » Dit autrement, il s'opère une sorte de « décrochage » de la pensée par rapport aux objets. Dès lors, les traitements quantitatifs (nombre) et qualitatifs (catégorisation) que réalise l'enfant ne portent plus seulement sur des objets concrets (Mickey, bonbons, jetons, fleurs, etc.), mais aussi sur des propositions logiques, des idées, des hypothèses. C'est le raisonnement dans toute la force du terme, que ce soit dans la vie de tout un chacun ou dans le processus de la découverte scientifique.

De ce point de vue, il n'est pas étonnant que ce soit à l'adolescence que les enfants, devenus grands, commencent à vouloir « refaire le monde » en s'opposant au système en place. C'est l'âge des grands idéaux et des premières théories. Ils découvrent, pour la première fois, l'extraordinaire puissance de leur cerveau lorsqu'il se met en « mode hypothético-déductif ». C'est *a priori* aussi fort sur le plan cognitif que l'est la découverte de l'amour sur le plan affectif. Tout devient possible ! (Du moins par la pensée.)

Dans sa théorie, Piaget décrit un système assez complexe de règles logiques qui se combinent (c'est cette fois la logique des logiciens), système qui correspond au stade ultime d'organisation cognitive, où la pensée de l'enfant rejoint celle de l'adulte. Par souci de clarté nous n'entrerons pas ici dans les détails (un peu excessifs) de la formalisation piagétienne. Le lecteur peut toutefois satisfaire sa curiosité en consultant le livre que Piaget y a consacré en 1955 avec Bärbel Inhelder : *De la logique de l'enfant à la logique de l'adolescent* (nous en avons fait un compte rendu détaillé dans *L'Homme en développement*)[1].

2. **Logique mentale et modèles mentaux.** – Après Piaget, durant les décennies 1970, 1980 et 1990, différents courants de recherche ont animé la psychologie cognitive du raisonnement. Un débat important a alors opposé ceux qui croyaient comme Piaget à l'existence d'une logique mentale et ceux qui n'y croyaient pas.

Le premier point de vue a été défendu par Martin Braine (New York University). Selon Braine, il existe réellement dans le cerveau humain, comme dans les manuels depuis Aristote, une logique déductive universelle, limitée toutefois à des opérations élémentaires[2]. La fonction de cette logique est de faciliter les interactions verbales par un ensemble de règles formelles réalisées automatiquement et acquises durant l'enfance à partir du langage (le fameux *Si-alors,* par exemple). Ce point de vue est très piagétien, si ce n'est que Braine accorde au langage, dans l'enfance, le rôle que Piaget accordait à l'action.

1. B. Inhelder et J. Piaget, *De la logique de l'enfant à la logique de l'adolescent,* Paris, PUF, 1955 ; J. Bideaud, O. Houdé et J.-L. Pedinielli, *L'Homme en développement,* Paris, PUF, 1993 (« Quadrige », 2004).

2. M. Braine, The natural logic approach to reasoning, *in* W. Overton (ed.), *Reasoning, Necessity, and Logic : Developmental Perspectives,* Hillsdale, Erlbaum, 1990, p. 133-157 ; M. Braine et D. O'Brien (eds), *Mental Logic,* Hove, Erlbaum, 1998.

Inversement, Philip Johnson-Laird (Princeton University) a soutenu que la logique mentale, même élémentaire, n'existe pas[1]. Selon lui, tous nos raisonnements peuvent s'expliquer, non par l'usage de règles verbales et logiques (Piaget, Braine), mais par une sorte de mise en scène d'acteurs, incarnant les données du problème, dans un théâtre interne qu'il appelle un « modèle mental ». Il s'agit, dans ce cas, d'un raisonnement fondé sur l'imagination visuelle et spatiale.

De très nombreuses expériences de psychologie cognitive ont été réalisées pour trancher entre ces deux théories, sans y parvenir, chaque « école » rapportant des données comportementales étayant son point de vue et récusant l'autre. En revanche, comme nous avons pu le montrer, les données plus récentes de l'imagerie cérébrale du raisonnement plaident en faveur de la théorie de la logique mentale de Braine[2]. Elles indiquent, en effet, que le raisonnement mobilise plutôt des réseaux neuronaux logico-linguistiques (régions frontales et temporales) que visuo-spatiaux (régions occipito-pariétales). Sur ce point, Piaget et Braine sont donc confortés.

3. **Les erreurs (ou biais) de raisonnement.** – Durant la même période, un autre courant de recherche a vu le jour sous l'impulsion de Jonathan Evans (University of Plymouth). Contrairement à la théorie piagé-

1. P. Johnson-Laird, Mental models, deductive reasoning, and the brain, *in* M. Gazzaniga (ed.), *The Cognitive Neurosciences,* Cambridge, The MIT Press, 1995, p. 999-1008 ; P. Johnson-Laird, Mental models and deduction, *Trends in Cognitive Sciences,* 5, p. 434-442, 2001.

2. O. Houdé et N. Tzourio-Mazoyer, Neural foundations of logical and mathematical cognition, *Nature Reviews Neuroscience,* 4, p. 507-514, 2003.

tienne, Evans et d'autres psychologues ont clairement établi que les adolescents et les adultes – logiques selon Piaget – font des erreurs *systématiques* de déduction, appelées « biais de raisonnement » (ce qu'avait pressenti Descartes).

Voilà donc des erreurs très tardives, des décalages ou régressions par rapport à la logique formelle, non prédits par Piaget. Cela n'exclut pas que la logique mentale existe (Piaget, Braine), mais démontre que l'une des caractéristiques du cerveau humain est de s'en écarter plutôt que de l'appliquer. C'est cela aussi la psychologie de l'adolescent, ignorée par l'histoire piagétienne « officielle » qui conduit du bébé au logicien.

Evans s'est engagé en 1989 dans l'écriture de l' « autre histoire » (je pense, donc je me trompe), consacrée aux écarts à la logique : « Il y a, selon moi [écrit-il], suffisamment de données indiquant des erreurs et des biais de raisonnement pour justifier une tentative de classification systématique de tels phénomènes (...). Je considère cette démarche comme complémentaire de celles d'autres psychologues [Piaget, Braine, etc.] qui décrivent les mécanismes sous-jacents aux compétences. »[1] Il définit les biais de raisonnement comme des tendances systématiques à prendre en considération des facteurs non pertinents pour la tâche à résoudre et à ignorer les facteurs pertinents.

Voici un exemple à propos d'une règle conditionnelle (toujours le *Si-alors*), c'est-à-dire hypothético-déductive. Pour vous aider à comprendre le test logique qui suit et son explication, il peut être utile de

1. J. Evans, *Bias in Human Reasoning,* London, Erlbaum, 1989, p. 10.

vous munir d'un crayon, même de crayons de couleur si vous en avez à proximité, et d'un bloc de papier (un peu comme si vous étiez un enfant). Imaginez qu'on vous demande de lire sur un écran d'ordinateur la règle « S'il y a un carré rouge à gauche, alors il y a un cercle jaune à droite », puis de sélectionner avec la souris deux formes qui rendent cette règle vraie parmi diverses figures affichées (des formes géométriques simples de couleurs variées) : vous allez, comme tout le monde, placer un carré rouge à gauche et un cercle jaune à droite (c'est juste !). On peut aussi introduire une négation dans le conséquent (la partie « alors... ») : « S'il y a un carré rouge à gauche, alors il n'y a pas de cercle jaune à droite. » Dans ce cas aussi, tout le monde donne une bonne réponse : par exemple, un carré rouge à gauche et un losange bleu à droite. Un peu plus difficile maintenant : rendre la dernière règle fausse. Pas de problème non plus, tout le monde place un carré rouge à gauche et un cercle jaune à droite. Autant de jeux d'esprit que permet notre logique mentale, acquise à l'adolescence, et qui semblent donner raison à Piaget et à Braine.

Cependant, si on avait plutôt introduit la négation dans l'antécédent (la partie « Si... »), ce qui du point de vue de la logique n'est pas techniquement plus compliqué, au moins 90 % d'entre nous auraient échoué (donc presque tout le monde) ! En effet, Evans a découvert que, si l'on demande aux gens de rendre fausse la règle « S'il n'y a pas de carré rouge à gauche, alors il y a un cercle jaune à droite », ils répondent aussi (toujours en croyant répondre juste) : un carré rouge à gauche et un cercle jaune à droite (en se disant quelque chose du type : « Je dois rendre la règle fausse, il y a une négation au début, donc si j'apparie exactement ma réponse avec les deux formes citées dans la règle, ça doit être bon ») ! Or ce n'est pas la bonne réponse, c'est une erreur de logique appelée par Evans le « biais d'appariement »[1].

Pourtant, il s'agit d'un problème élémentaire de déduction. En fait, les gens se laissent piéger par la *perception* des éléments cités dans la règle (ici carré rouge et cercle jaune), alors que, s'ils raisonnaient selon la table de vérité logique, ils choisiraient une situation où l'antécédent de la règle est vrai (pas un carré rouge) et le conséquent faux (pas un cercle jaune) : par exemple, un carré vert à gauche et un losange bleu à droite (d'autres réponses logiques sont possibles ; ce qu'il faut choisir, c'est tout sauf un carré rouge à gauche et tout sauf un cercle jaune à droite). C'est cela qui rend la règle fausse comme l'exige la consigne du problème. Être logique consiste donc ici à aller *contre la perception* des éléments cités dans la règle, à s'en abstraire, c'est-à-dire à inhiber le biais d'appariement perceptif[2].

Dans sa théorie, Evans analyse les biais de raisonnement en termes de stratégies heuristiques, c'est-à-dire rapides, relativement automatiques (l'appariement en étant un très bon exemple), opposées aux

1. J. Evans, Matching bias in conditional reasoning, *Thinking & Reasoning*, 4, p. 45-82, 1998. Ce biais est notamment déclenché par une heuristique qui, en présence d'une négation, focalise notre attention sur ce qui est nié. On sait, par exemple, que, si on dit à un enfant qu'il n'y a pas (ou plus) de glace au chocolat, il y pense toute la journée ! Ou encore cet exemple donné par Edelman dans *Biologie de la conscience* (Paris, Odile Jacob, 1992) : si on vous dit de ne pas penser à un éléphant, comme la plupart des gens vous allez immédiatement construire l'image mentale d'un éléphant.

2. O. Houdé, The problem of deductive competence and the inhibitory control of cognition, *Current Psychology of Cognition,* 16, p. 108-113, 1997.

stratégies analytiques, plus lentes, mais contrôlées et attentionnelles, qui correspondent à la compétence déductive : l'algorithme logique (on a déjà vu un exemple de distinction heuristique/algorithme dans le chapitre précédent à propos des stratégies numériques). Ensuite, avec David Over (University of Sunderland)[1], il a introduit l'idée (compatible avec la première distinction) de deux formes de rationalité qu'il a simplement numérotées 1 et 2. La rationalité 1 est une forme de « raisonnement quotidien » que les gens utilisent pour atteindre leurs buts sans chercher à se conformer à la logique. La rationalité 2 correspond à la compétence déductive telle qu'étudiée par Piaget (le stade des opérations formelles) et Braine (la logique mentale). Selon Evans et Over, c'est au niveau de la rationalité 1 que s'insèrent les biais de raisonnement par rapport à la rationalité 2. Nous n'en avons donné ici qu'un exemple, mais il y en a beaucoup d'autres (notamment des biais sémantiques liés à nos croyances habituelles sur le monde). Quoi d'étonnant, après l'erreur A-non-B chez le bébé et les erreurs de conservation et d'inclusion chez l'enfant, etc. ? Qu'il s'agisse de l'objet, du nombre, de la catégorisation ou du raisonnement logique, notre cerveau – si sophistiqué soit-il – semble bien être une « machine à se tromper »[2]. C'est sans doute pour cela qu'il est aussi, et reste toute la vie, une machine à apprendre.

À noter que Piaget écrivait, à propos des opérations logiques, qu'il s'agit de « potentialités que peut utiliser

1. J. Evans et D. Over, Rationality in reasoning, *Current Psychology of Cognition,* 16, p. 3-38, 1997.

2. O. Houdé, Développement cognitif et inhibition : de l'erreur A-non-B aux biais de raisonnement, *Psychologie française,* 42, p. 23-29, 1997.

un sujet normal même si chacun ne les réalise pas toutes et même si leur actualisation est sujette à des accélérations ou à des retards »[1]. Il pensait ainsi prévoir tous les cas de figure possibles par rapport à sa théorie. Piaget n'a toutefois jamais imaginé que les erreurs de raisonnement, dans des tâches de logique déductive *élémentaire,* puissent être *systématiques,* c'est-à-dire des caractéristiques stables de tous les adolescents et adultes « normaux » (entre 90 % et 100 % selon les biais), aussi stables que le sont en principe, selon lui, les structures logiques. Comme l'a très bien souligné le psychologue néo-piagétien Kurt Fischer (Harvard University), on découvre aujourd'hui que « le décalage [par rapport à la logique] est la règle du développement cognitif » et non l'exception[2]. C'est aussi vrai dans le monde de la technologie et du *management* où Christian Morel (cadre dirigeant d'une grande entreprise industrielle) explique « les décisions absurdes » en y appliquant notre théorie du déficit d'inhibition[3].

II. – **Logique et cerveau**

Conformément à son cercle des sciences (voir l'Introduction), Piaget, dans son livre *Biologie et connaissance,* envisageait explicitement une réalité cérébrale à ses stades cognitifs et notamment à celui des

1. J. Piaget et B. Inhelder, *La psychologie de l'enfant,* Paris, PUF, 1966, p. 104.
2. K. Fischer et M. Farrar, Generalizations about generalization, *in* A. Demetriou (ed.), *The Neo-Piagetian Theories of Cognitive Development,* Amsterdam, North-Holland, 1988, p. 137-171 (citation, p. 141).
3. C. Morel, *Les décisions absurdes,* Paris, Gallimard, 2002 (voir p. 144).

opérations formelles[1]. Il lui manquait toutefois, à l'époque, le moyen technologique de l'observer *in vivo* : l'imagerie cérébrale fonctionnelle. Deux équipes, utilisant ces techniques, travaillent aujourd'hui sur le raisonnement logique, celle de Vinod Goel (York University) et la nôtre[2].

Comme l'a très bien résumé Stephen Kosslyn (Harvard University), trois questions animent ce domaine de recherche : 1 / Raisonnons-nous logiquement ? 2 / Pourquoi commettons-nous des erreurs de raisonnement ? 3 / L'émotion peut-elle aider le raisonnement[3] ?

Voici l'exemple (déjà évoqué dans le chap. I) de l'expérience de notre équipe à propos des bases cérébrales des erreurs ou biais de raisonnement hypothético-déductif (le biais d'appariement qui vient d'être décrit) et des mécanismes d'accès aux réponses logiques, incluant l'inhibition et l'émotion. L'émotion mise à part, ce dernier point est très cartésien : comment rediriger l'esprit vers la pensée logique[4] ?

1. **La correction d'erreurs dans le cerveau.** – La méthode idéale est ici l'apprentissage expérimental, c'est-à-dire une sorte de « pédagogie de laboratoire » : apprendre au cerveau à corriger ses erreurs[5]. Les ques-

1. J. Piaget, *Biologie et connaissance,* Paris, Gallimard, 1967.

2. O. Houdé, Le raisonnement logique, *in* O. Houdé, B. Mazoyer et N. Tzourio-Mazoyer (éd.), *Cerveau et psychologie,* Paris, PUF, 2002, p. 547-582.

3. S. Kosslyn et R. Rosenberg, *Psychology,* Boston, Allyn & Bacon, 2001.

4. R. Descartes, *Règles pour la direction de l'esprit,* Paris, Vrin, 1996 (original rédigé en latin au XVIIe siècle).

5. O. Houdé, S. Moutier, N. Tzourio-Mazoyer et L. Zago, La correction des erreurs de raisonnement, *Pour la Science,* 297, p. 48-55, 2002.

tions d'apprentissage et de plasticité neurocognitive, essentielles en psychologie de l'enfant, le sont aussi en neuroscience cognitive. Comme l'a écrit Michael Posner (Cornell University) : « Nous serons proches de l'intégration de l'esprit et du cerveau quand les questions de la circuiterie et de la plasticité des réseaux des aires anatomiques qui sous-tendent la cognition deviendront des caractéristiques toujours plus fortes des études de neuro-imagerie. »[1] Qu'en est-il pour l'exemple du raisonnement logique et de l'erreur (ou biais) d'appariement perceptif ?

Par rapport à ce type d'erreur, notre hypothèse de travail a été que – comme chez le bébé et l'enfant pour les acquisitions cognitives élémentaires (objet, nombre, catégorisation, etc.) – la difficulté tient ici à ce que deux stratégies de raisonnement entrent en compétition et se télescopent en mémoire de travail : l'une perceptive, l'autre logique (un peu comme les vagues qui se chevauchent dans le modèle de Siegler). Face à cette compétition cognitive, tout semble indiquer que l'adolescent ou l'adulte échoue à inhiber la stratégie perceptive, sans qu'il s'agisse pour autant d'un problème de logique mentale en tant que tel[2]. On évite ainsi un ultime « faux négatif » qui consisterait à penser, comme certains l'ont fait, que les erreurs systématiques de raisonnement observées chez les adultes sont les indicateurs d'une absence de logique, même élémentaire, dans le cerveau humain

1. M. Posner, Les neurosciences cognitives, synthèse de l'esprit et du cerveau, *in* E. Dupoux (éd.), *Les langages du cerveau,* Paris, Odile Jacob, 2002, p. 401-414 (citation, p. 411).

2. O. Houdé, Inhibition and cognitive development : Object, number, categorization, and reasoning, *Cognitive Development,* 15, p. 63-73, 2000.

(ce qui est un contre-pied quelque peu excessif de Piaget).

Pour le démontrer, avec Sylvain Moutier (Université de Paris V), nous avons tout d'abord testé, par des études de psychologie expérimentale, l'efficacité de différentes conditions d'apprentissage : 1 / l'inhibition de la stratégie perceptive d'appariement, 2 / l'explication logique, et 3 / la simple répétition de la tâche (ce dernier type d'apprentissage correspondant aux effets de la pratique)[1]. Seul l'apprentissage de l'inhibition s'est révélé efficace : le taux de réussite, initialement inférieur à 10 % dans la tâche d'Evans décrite plus haut, est devenu supérieur à 90 % (la tâche était celle où il faut rendre fausse une règle du type « S'il n'y a pas de carré rouge à gauche, alors il y a un cercle jaune à droite »). Cela indique que c'est bien ce mécanisme exécutif de blocage qui faisait défaut aux individus interrogés et non pas la logique en tant que telle ou la pratique[2]. Dans ces deux dernières conditions, le taux d'erreur est resté comparable au niveau initial (pour bien comprendre, le lecteur doit savoir que, comme on le fait toujours dans ce type d'expérience, les apprentissages eux-mêmes ne portaient pas sur la tâche d'Evans, mais sur une autre tâche relevant de la même logique et déclenchant le même type de biais). On verra plus loin pourquoi la seule explication logique est insuffisante.

1. O. Houdé et S. Moutier, Deductive reasoning and experimental inhibition training, *Current Psychology of Cognition,* 15, p. 409-434, 1996 (et 18, p. 75-85, 1999) ; S. Moutier, N. Angeard et O. Houdé, Deductive reasoning and matching-bias inhibition, *Thinking & Reasoning,* 8, p. 205-224, 2002.

2. Même si, dans certains cas, une explication logique peut aussi être utile.

Avec Nathalie Tzourio-Mazoyer (CEA) et Bernard Mazoyer (Université de Caen), nous avons alors repris exactement la même expérience en imagerie cérébrale afin d'observer ce qui se passe dans le cerveau des individus *avant* et *après* l'apprentissage de l'inhibition de la stratégie perceptive, c'est-à-dire avant et après la correction de l'erreur de raisonnement[1]. Les participants étaient donc introduits deux fois dans la caméra à positons, l'apprentissage étant réalisé hors caméra. Les résultats ont montré une très nette reconfiguration – ou plasticité – des réseaux cérébraux, de la partie postérieure du cerveau à sa partie antérieure, dite « préfrontale ».

Il ne suffit donc pas d'avoir atteint, à l'adolescence, le stade des opérations logiques formelles de Piaget (la dernière marche de l'escalier) pour être « préfrontal » et logique. Si la logique est bien, comme le pensait Piaget, la forme optimale de l'adaptation biologique, on constate toutefois 1 / que dans le cerveau en action, à tout moment, y compris chez l'adulte, plusieurs stratégies de raisonnement peuvent se télescoper, entrer en compétition, les réponses perceptives (biais) prenant alors souvent le pas sur les réponses logiques, et 2 / que c'est l'inhibition cognitive, déclenchée ici par un apprentissage expérimental, qui se révèle être la clé de l'accès à la logique.

Cette expérience illustre donc de façon dynamique (compétition/sélection) comment peut se mettre en place un processus d'abstraction (de la perception à la logique) dans notre cerveau.

1. O. Houdé *et al.*, Shifting from the perceptual brain to the logical brain : The neural impact of cognitive inhibition training, *Journal of Cognitive Neuroscience*, 12, p. 721-728, 2000.

2. **Le rôle de l'émotion.** – Dans une autre expérience, nous avons comparé l'impact neuronal de l'apprentissage de l'inhibition (qui implique des mises en garde contre le danger du piège perceptif, l'erreur possible) et de l'apprentissage strictement logique, que l'on a appelé « froid »[1]. Les résultats ont indiqué : 1 / au niveau comportemental, ce que l'on savait déjà (voir ci-dessus), c'est-à-dire que seul l'apprentissage de l'inhibition est efficace (car ce n'est pas la logique en tant que telle qui manque aux individus), et 2 / que l'activation cérébrale la plus importante qui différencie ce type d'apprentissage de l'apprentissage logique est celle du cortex préfrontal ventromédian droit. Il s'agit d'une région située dans l' « intimité » de notre cerveau droit, à l'avant (préfrontal), en bas (ventro) et au milieu (médian) – proche du système limbique qui est considéré comme « le cerveau des émotions ».

Cette région est connue, à la suite des travaux du neuropsychologue Antonio Damasio (University of Iowa)[2], pour être impliquée dans les relations étroites entre émotion, « sentiment même de soi » et raisonnement : ici l'émotion liée au sentiment de s'être trompé, spécifiquement déclenché par l'apprentissage de l'inhibition du biais perceptif. C'est exactement la région qui est lésée chez les patients de Damasio et qui l'était chez Phineas Gage, cas décrit par John Harlow

1. O. Houdé *et al.*, Access to deductive logic depends on a right ventromedial prefrontal area devoted to emotion and feeling, *NeuroImage*, 14, p. 1486-1492, 2001. Le lecteur pourra y trouver une description détaillée des apprentissages.

2. A. Damasio, *L'erreur de Descartes : la raison des émotions*, Paris, Odile Jacob, 1995 (1re éd., 1994) ; *Le sentiment même de soi*, Paris, Odile Jacob, 1999 ; *Spinoza avait raison*, Paris, Odile Jacob, 2003.

en 1848[1]. Ce jeune chef de chantier s'est retrouvé totalement inadapté socialement et intellectuellement, par rupture des relations entre émotion et raisonnement, après qu'une barre à mine longue de 1,80 m lui a traversé le crâne et le cerveau, détruisant son cortex préfrontal ventromédian droit.

Dans nos données, au niveau de l'analyse individuelle (c'est-à-dire la différence de débit sanguin cérébral régional individu par individu) c'est cette même région de l'hémisphère droit qui est activée chez ceux qui accèdent à la logique après l'apprentissage de l'inhibition du biais perceptif (donc après correction de l'erreur), alors qu'elle ne l'est pas chez ceux qui n'y accèdent pas (persistance dans l'erreur après un apprentissage logique « froid »).

Sachant que la théorie de Damasio est une théorie de la *conscience réflexive,* définie comme l'émotion liée au sentiment de soi lors d'une activité cognitive – ce que Théodule Ribot appelait dès 1896 « le sentiment intellectuel »[2] – il est intéressant de noter que, avant l'apprentissage de l'inhibition du biais de raisonnement, les participants à notre expérience n'étaient pas conscients qu'ils commettaient une erreur de logique (ils pensaient tous répondre juste !), alors qu'après ils l'étaient[3]. Ce phénomène de prise de conscience des erreurs, dont on a découvert ici la trace cérébrale, est au centre de toute la psychologie du développement, du

1. J. Harlow, Passage of an iron rod through the head, *Boston Medical Surgery Journal,* 39, p. 389-393, 1848 ; H. Damasio, T. Grabowski, R. Frank, A. Galaburda et A. Damasio, The return of Phineas Gage, *Science,* 264, p. 1102-1105, 1994.

2. T. Ribot, *La psychologie des sentiments,* Paris, Alcan, 1896.

3. O. Houdé, Consciousness and unconsciousness of logical reasoning errors in the human brain, *Behavioral & Brain Sciences,* 25, p. 341, 2003.

bébé (l'erreur A-non-B) à l'adulte. Il l'est aussi, évidemment, en pédagogie.

Ces résultats d'imagerie cérébrale montrent donc clairement que l'émotion peut aider le raisonnement, contrairement à l'idée introduite par Descartes (et encore présente chez Piaget) d'une nécessaire séparation de la raison et de l'émotion (c'est l' « erreur de Descartes » dénoncée par Damasio)[1].

D'un point de vue évolutionniste, on pense ici au rôle classiquement imputé à l'émotion dans la survie, à savoir que la peur face à un danger conduit les animaux, dont l'Homme, à le fuir et donc à l'éviter. On peut dès lors avancer, en termes darwiniens, que l'évolution (phylogenèse) a dû façonner un cerveau qui ressent des émotions nécessaires pour inhiber les comportements inadaptés, y compris lorsqu'il s'agit de logique. *C'est peut-être cela la forme optimale de l'adaptation biologique* et non pas, comme le pensait Piaget, l'intelligence logique en tant que telle. Le cerveau humain n'est pas, à l'image d'un ordinateur, un calculateur froid et logique.

Reprenons l'exemple du nombre et des quantités inégales de bonbons évoqué dans le chapitre précédent. L'émotion liée à l'enjeu de manger le plus de bonbons possible rendait l'enfant capable de réussir la tâche de Piaget beaucoup plus tôt que prévu (dès 2 ans et non à 6-7 ans) en inhibant l'heuristique (ou le biais) « longueur = nombre ». C'est ce que les éducateurs ont identifié depuis longtemps, par leur intuition et leur pratique, comme la force extraordinaire de la motivation.

Soulignons toutefois que ces résultats d'imagerie cé-

1. A. Damasio, *L'erreur de Descartes*, Paris, Odile Jacob, 1995.

rébrale ne sont que les tout premiers sur la correction des erreurs de raisonnement dans le cerveau humain ; ou, dit autrement, sur le changement de stratégie perceptive/logique lors d'un « micro-développement » cognitif (l'apprentissage). Il s'agit donc d'une contribution encore très modeste, mais qui apporte déjà quelques éléments de réponse neuroscientifiques aux trois questions énoncées plus haut (Raisonnons-nous logiquement ? Pourquoi commettons-nous des erreurs de raisonnement ? L'émotion peut-elle aider le raisonnement ?).

Comme l'a suggéré Mark Johnson (University of London), les nouvelles données d'imagerie cérébrale sur l'apprentissage chez l'adulte nous apportent des indications intéressantes sur les mécanismes qui sont sans doute à l'œuvre dans le développement neurocognitif de l'enfant (voir le chap. I). De ce point de vue, les résultats exposés ici conduisent aussi à tenir compte, en psychologie de l'enfant et en pédagogie, de deux mécanismes sous-estimés par la théorie de Piaget : l'inhibition des stratégies en compétition et l'émotion, associée au sentiment de soi, indispensables au cerveau humain pour corriger ses erreurs de raisonnement[1].

III. – D'autres formes de raisonnement

Le raisonnement déductif ne se limite pas au raisonnement conditionnel (règles *Si-alors*). Il comporte aussi des syllogismes, par exemple : *Tous les hommes*

1. Piaget avait toutefois introduit l'idée d'abstraction réfléchissante pour décrire la réflexion de l'enfant sur ses propres actions et opérations mentales (ce qui est une forme de sentiment de soi), mais il n'y intégrait ni l'inhibition, ni l'émotion.

sont mortels. Socrate est un homme. Socrate est mortel. Un syllogisme est une inférence formée de deux prémisses (les deux premières phrases) et d'une conclusion (la troisième). Tout syllogisme implique trois termes qui apparaissent chacun deux fois (ici, *homme, mortel* et *Socrate*), soit dans une prémisse et dans la conclusion (c'est le cas de *mortel* et de *Socrate*), soit dans chacune des prémisses *(homme)*. L'inférence déductive est l'opération cognitive qui réalise l'enchaînement entre les prémisses et la conclusion. Du point de vue de la logique, le caractère *valide* d'une déduction (l'exemple ci-dessus est valide) dépend de la structure de l'inférence et non du contenu des phrases en tant que tel (la sémantique) ; il peut même être en contradiction avec nos croyances sur le monde. C'est en ce sens qu'on dit de la logique qu'elle est « indépendante des contenus ».

Ici aussi, Evans a mis en évidence l'existence d'un biais de raisonnement qui conduit à privilégier la stratégie sémantique (crédibilité) par rapport à la stratégie logique (validité), biais dit « de croyance » qui existe chez l'enfant, l'adolescent et l'adulte[1].

Voici un exemple où les enfants ont une tendance systématique à accepter une conclusion non valide mais crédible : « Les éléphants sont des mangeurs de foin. Les mangeurs de foin ne sont pas lourds. Est-ce que cela veut dire que les éléphants sont lourds ? » Ils répondent que oui, alors que rien ne leur permet de déduire logiquement cette conclusion des prémisses

1. J. Evans, *Bias in Human Reasoning,* London, Erlbaum, 1989 ; J. Evans, J. Barston et P. Pollard, On the conflict between logic and belief in syllogistic reasoning, *Memory and Cognition,* 11, p. 295-306, 1983 ; J. Evans et T. Perry, Belief bias in children's reasoning, *Current Psychology of Cognition,* 14, p. 103-115, 1995.

(c'est-à-dire des deux premières phrases dont on leur demande de les tenir pour vraies). Moutier a démontré que toute la difficulté de ce type de tâche pour les enfants d'âge scolaire (école élémentaire) est de parvenir à inhiber le contenu sémantique de la conclusion, c'est-à-dire ici leur forte croyance quant au poids des éléphants[1]. « Les éléphants sont lourds » est, comme on le sait, une connaissance sémantique bien ancrée dans notre cerveau dès le plus jeune âge.

Comme le biais d'appariement (perception), ce biais de croyance (sémantique) chez l'enfant et sa persistance chez l'adulte n'ont pas été identifiés par Piaget. Pour en rendre compte, Evans a proposé un modèle qui prédit que les individus – enfants, adolescents ou adultes – examinent la crédibilité sémantique avant la validité logique[2]. Autrement dit, si la conclusion est crédible, ils l'acceptent sans examen – c'est l'heuristique de croyance – ; si elle est non crédible, ils cherchent alors (et alors seulement) si elle découle des prémisses.

Des travaux d'imagerie cérébrale ont déjà été réalisés sur les syllogismes par l'équipe de Goel (nous en avons fait un compte rendu détaillé dans *Cerveau et psychologie*)[3]. Une piste de recherche est ici de découvrir (comme pour le biais d'appariement perceptif) les phénomènes de compétition qui s'opèrent dans le cerveau lorsque, face à un syllogisme, l'individu doit in-

1. S. Moutier, Deductive competence and executive efficiency in school children, *Current Psychology Letters,* 3, p. 87-100, 2000.
2. J. Evans et D. Over, *Rationality and Reasoning,* Hove, Psychology Press, 1996.
3. O. Houdé, Le raisonnement logique, *in* O. Houdé, B. Mazoyer et N. Tzourio-Mazoyer (éd.), *Cerveau et psychologie,* Paris, PUF, 2002, p. 547-582.

hiber un biais de croyance – donc le « mode sémantique » – pour activer la logique déductive.

Outre le raisonnement déductif, règles conditionnelles et syllogismes, il existe d'autres formes de raisonnement comme l'induction, l'abduction, etc., bien répertoriées par Christian George (Université de Paris VIII) dans son livre *Polymorphisme du raisonnement humain*[1].

Dans le raisonnement inductif, qui se fonde sur des cas particuliers (et non sur des règles générales comme la déduction), il existe aussi de très forts biais cognitifs de raisonnement et de prise de décision, ainsi que l'a démontré le prix Nobel Daniel Kahneman (Princeton University) avec Amos Tversky (Stanford University) – biais qui ne respectent pas les lois de la probabilité[2]. Ils ne sont toutefois pas irrépressibles et peuvent, dans certaines circonstances, être inhibés[3].

Soulignons, enfin, que le raisonnement logique n'est pas seulement une activité cognitive de l'adolescent et de l'adulte. Il en existe des formes plus précoces. Par exemple, pour les syllogismes, lorsque la validité logique n'entre pas en conflit avec la crédibilité sémantique (des syllogismes dits « neutres »), l'enfant d'âge scolaire répond logiquement. On peut même considérer que les toutes premières formes

1. C. George, *Polymorphisme du raisonnement humain,* Paris, PUF, 1997 ; voir aussi *Abduction* dans O. Houdé (éd.), *Vocabulaire de sciences cognitives,* Paris, PUF, 1998 (« Quadrige », 2003, p. 25-27).

2. D. Kahneman, P. Slovic et A. Tversky, *Judgment under Uncertainty : Heuristics and Biases,* New York, Cambridge University Press, 1982 ; D. Kahneman et A. Tversky, *Choices, Values, and Frames,* New York, Cambridge University Press, 2000.

3. S. Moutier et O. Houdé, Judgment under uncertainty and conjunction-fallacy inhibition training, *Thinking & Reasoning,* 9, p. 185-201, 2003.

d'inférence déductive s'observent dès les premiers mois de la vie à propos, par exemple, de la permanence de l'objet (chap. II) ou du nombre (chap. III). On a vu qu'à partir d'événements perçus, comme un objet caché par un écran, l'ajout d'un second objet derrière l'écran, etc. (les prémisses perceptives), le bébé de 4-5 mois « infère », « s'attend à » un résultat (la conclusion) qui est ou non confirmé (événement possible ou impossible). Lorsque le bébé est surpris par des événements physiquement (objets) ou arithmétiquement (nombre) impossibles, c'est bien que d'une certaine façon il considère la structure de l' « inférence » invalide. On ne peut pas imaginer qu'il n'y ait pas un lien cognitif et développemental entre ces premières inférences perceptives et la logique déductive ultérieure. On sait en outre, avec l'erreur A-non-B, qu'il existe déjà chez le bébé un biais de raisonnement.

On va voir aussi, dans le prochain et dernier chapitre, que l'enfant doit déployer très tôt des capacités de raisonnement assez subtiles pour comprendre comment fonctionne l'esprit des humains.

CHAPITRE V

L'ENFANT PSYCHOLOGUE

Les activités cognitives décrites dans les chapitres précédents étaient surtout orientées vers le monde des objets physiques (leur permanence, leur dénombrement, leur catégorisation et leur abstraction logique). Mais, comme on l'a souligné dans l'Introduction, l'enfant doit aussi apprendre à être un « petit psychologue » dans sa vie sociale.

Le courant de recherche qui étudie cet aspect du développement est appelé « théories de l'esprit », non pas au sens des théories scientifiques des psychologues sur l'esprit ou de celles des philosophes (théories d'adultes comme on en a vu quelques-unes dans ce livre), mais au sens des premières théorisations naïves, encore profanes, que les enfants se construisent à propos de l'esprit humain (le leur et celui d'autrui). Plus précisément, il s'agit ici de découvrir quand et comment les enfants font appel à des entités mentales *inobservables* (croyances, désirs, intentions, connaissances, etc.) pour décrire, expliquer et prédire les conduites humaines *observables*. C'est dans les décennies 1980 et 1990, donc après Piaget, que ce courant de recherche s'est développé.

Au début de sa carrière, Piaget avait toutefois commencé à aborder la question des théories naïves de l'esprit (sans encore les appeler ainsi) dans son livre *La représentation du monde chez l'enfant* publié en 1947 (il n'a, ensuite, pas poursuivi cette piste de recherche)[1].

I. – Ce que l'enfant dit de la pensée

Piaget posait directement aux enfants des questions du type : « Tu sais ce que c'est que penser ? Quand tu es ici et que tu penses à ta maison, ou que tu penses aux vacances, ou à ta maman, tu sais ce que c'est que penser à quelque chose ? » Quand l'enfant avait compris, Piaget continuait : « Eh bien ! Avec quoi est-ce qu'on pense ? » Si l'enfant ne saisissait pas très bien la question, Piaget développait en lui disant : « Quand tu marches, tu marches avec les pieds. Eh bien ! Quand tu penses, avec quoi est-ce que tu penses ? »

À partir des réponses des enfants, Piaget a dégagé trois stades de développement. Durant le premier stade, les enfants croient que l'on pense avec la bouche. La pensée est identique à la voix. Rien ne se passe vraiment à l'intérieur de la tête. La pensée est confondue avec les choses elles-mêmes en ce sens que les mots font partie des choses. Il n'y a rien de subjectif dans l'acte de penser. L'âge moyen des enfants de ce stade est de 6 ans. Au deuxième stade, vers 8 ans, l'enfant a appris par l'adulte que l'on pense avec la tête ; parfois même, il fait allusion au cerveau. Piaget note qu'il existe une continuité entre ce stade et le précédent. En effet, la pensée est souvent conçue comme une voix dans la tête, parfois dans le cou. L'enfant de ce stade prête aussi une matérialité à la pensée : c'est

1. J. Piaget, *La représentation du monde chez l'enfant,* Paris, PUF, 1947.

de l'air ou du sang, ou encore une boule, etc. Enfin, le troisième stade, dont l'âge moyen est de 11-12 ans, marque la « dématérialisation de la pensée ».

L'objectif de Piaget était de comprendre dans quelle mesure l'enfant, selon son âge, distingue le monde physique extérieur du monde mental interne ou subjectif. Selon lui, avant 7-8 ans – encore l'âge de raison ! –, les jeunes enfants n'ont aucune idée de la vie mentale. Il affirme qu'ils sont « réalistes » en ce qui concerne les phénomènes psychologiques, c'est-à-dire qu'ils ne font pas de distinctions entre les entités mentales (pensées, rêves, etc.) et les choses physiques, réelles. Ici aussi (comme pour l'exemple du nombre, chap. III), on va voir qu'il existe des compétences bien plus précoces que ne le pensait Piaget, déjà chez le bébé.

II. – Les théories de l'esprit

Les travaux pionniers de Piaget sont aujourd'hui critiqués car il se fiait trop à la capacité des enfants à verbaliser leur compréhension de l'esprit en répondant à des questions un peu bizarres. Ainsi que l'écrit Janet Astington (University of Toronto), dans son livre *Comment les enfants découvrent la pensée : la théorie de l'esprit chez l'enfant* : « Nous n'attendons pas des enfants qu'ils soient capables de décrire leur théorie de l'esprit [comme le leur demandait jadis Piaget] ; c'est à nous de l'inférer. »[1] Le coup d'envoi du renouveau des études dans ce domaine

1. J. Astington, *Comment les enfants découvrent la pensée,* Paris, Retz, 1999, p. 18 (1re éd., 1993). Voir aussi A.-M. Melot et J. Nadel, Comment l'esprit vient aux enfants, *Enfance* (numéro thématique), 52, 1999.

est d'ailleurs venu de la psychologie des « êtres cognitifs sans langage » : les singes.

En 1978, David Premack (University of Pennsylvania) a publié un article devenu célèbre, intitulé « Le chimpanzé a-t-il une théorie de l'esprit ? »[1] La réponse audacieuse apportée par Premack était que oui, au sens où le singe observé, connu sous le nom de Sarah, se révélait capable d'attribuer un état mental (une intention) à autrui[2]. Un autre article célèbre, intitulé « L'enfant autiste a-t-il une théorie de l'esprit ? », a été publié en 1985 par Simon Baron-Cohen (Cambridge University), Alan Leslie (Rutgers University) et Uta Frith (University College, London)[3]. La tragédie des enfants autistes est notamment qu'ils ne découvrent pas l'esprit de façon normale durant leurs jeunes années, d'où la difficulté qu'ils ont à aller vers les autres et à se mettre en rapport avec eux[4].

Le courant de recherche dit « théories de l'esprit » est ainsi à l'intersection de la primatologie, de la psychopathologie développementale et de la psychologie de l'enfant. Voyons maintenant ce qu'il en est du développement de l'enfant tout-venant et d'abord du bébé.

1. **Les origines des théories de l'esprit chez le bébé.** – Comme l'écrit Michael Tomasello (Max Planck Institut, Leipzig) dans son livre *Aux origines de la cognition humaine* : « Comprendre que l'autre est,

1. D. Premack et G. Woodruff, Does the chimpanzee have a theory of mind ? *Behavioral and Brain Sciences,* 4, p. 515-526, 1978.

2. Voir aussi D. Premack et A. Premack, *Le bébé, le singe et l'Homme,* Paris, Odile Jacob, 2003.

3. S. Baron-Cohen, A. Leslie et U. Frith, Does the autistic child have a theory of mind ?, *Cognition,* 21, p. 37-46, 1985.

4. Voir U. Frith, *L'énigme de l'autisme,* Paris, Odile Jacob, 1992 (1re éd., 1989).

comme nous, un être intentionnel est essentiel pour entrer dans l'apprentissage culturel humain »[1] (et il ajoute que, même si les singes ont déjà des dispositions à cet égard, c'est bien l'Homme – sauf en cas d'autisme – le spécialiste en la matière).

On a déjà vu, avec les travaux d'Elizabeth Spelke (Harvard University) présentés dans le chapitre II, que les bébés de 6 mois ne sont pas surpris visuellement quand, par exemple, un être humain (objet animé) qui était immobile se déplace avant même d'être entré en contact physique avec un autre être humain qui se déplaçait dans sa direction[2]. Les bébés savent que, dans ce cas, la causalité physique (le principe de *contact* entre deux objets inanimés pour que l'un fasse bouger l'autre) n'est pas nécessaire et que, dans le monde social, les intentions suffisent à mouvoir les humains. C'est la causalité mentale.

Dès son plus jeune âge, le bébé semble donc considérer que les êtres humains sont habités (animés) par une vie mentale qui les différencie des objets inanimés. Certains psychologues comme Leslie ont même avancé que notre cerveau, façonné par l'évolution des espèces, possède de façon innée un « module de théorie de l'esprit » et que c'est ce mécanisme qui est détérioré chez les enfants autistes[3]. Ainsi que le note

1. M. Tomasello, *Aux origines de la cognition humaine,* Paris, Retz, 2004, p. 11 (1re éd., 1999) ; voir aussi les travaux de Jerome Bruner sur la psychologie dite « culturelle ».

2. E. Spelke, A. Phillips et A. Woodward, Infant's knowledge of object motion and human action, *in* D. Sperber, D. Premack et A. Premack (eds), *Causal Cognition,* Oxford, Clarendon Press, 1995, p. 44-78.

3. A. Leslie, Pretense and representation in infancy, *Psychological Review,* 94, p. 412-426, 1987 ; A. Leslie et L. Thaiss, Domain specificity in conceptual development, *Cognition,* 43, p. 225-251, 1992.

Jean-Pierre Changeux dans le chapitre « Connaissance et vie sociale » de *L'Homme de vérité,* « dans l'autisme, comme dans la schizophrénie, il paraît plausible que l'altération différentielle de processus d'expression génique au cours du développement [voir le chap. I] interfère avec la mise en place de systèmes de neurones, encore insuffisamment connus, mais qui engagent le cortex préfrontal »[1].

Leslie s'est tout particulièrement intéressé à ce que permet ce module de théorie de l'esprit autour de 2 ans (donc déjà après une certaine maturation) lorsque les enfants commencent à jouer à « faire semblant » (forme de jeu qu'avait étudiée Piaget comme expression enfantine de la pensée symbolique). C'est, par exemple, l'enfant et sa mère qui, à l'initiative de celle-ci, font semblant de téléphoner avec une banane. Selon Leslie, il s'agit du premier signe clair de la capacité des enfants à comprendre les états mentaux d'une autre personne : « faire semblant » exige, en effet, que le jeune enfant accorde ses actions à ce que sa mère *feint* de faire (téléphoner) et non à ce qu'elle *fait* réellement (jouer avec une banane).

Bien avant ce type de jeu, il y a déjà, dès la naissance, une forme d'interaction sociale qui, selon Andrew Meltzoff (University of Washington), est le précurseur inné des théories de l'esprit : l'imitation. Meltzoff a démontré que, aussitôt nés, les bébés sont capables d'imiter les humains qui les entourent en reproduisant des mouvements de la langue et des lèvres, de la tête et des mains (conduites insoupçonnées par Piaget qui croyait ce type d'imitation beaucoup plus

1. J.-P. Changeux, *L'Homme de vérité,* Paris, Odile Jacob, 2002, p. 203.

tardif)[1]. Selon Meltzoff, l'imitation néo-natale, qui s'inscrit déjà dans une forme de jeu social entre le bébé et l'adulte, est essentielle pour le développement ultérieur de l'intersubjectivité car c'est la toute première opportunité pour le bébé d'établir un lien fort et direct entre les autres (qu'il perçoit visuellement) et ses propres états internes (qu'il ressent lorsqu'il imite un mouvement). L'imitation sert ici de « procédure pour découvrir l'humain », permettant au bébé de construire progressivement une théorie de l'esprit fondée sur les équivalences initiales entre le soi et l'autre. Pour ce faire, le bébé sait d'emblée, implicitement, que les autres sont « comme moi » (*like me,* selon l'expression de Meltzoff)[2].

Ces travaux ont récemment trouvé une validation neuronale dans les résultats de neurosciences sociales chez l'adulte, notamment ceux de Jean Decety (INSERM et University of Washington), qui montrent par l'imagerie cérébrale que, lorsque nous *observons* une action réalisée par une autre personne, les régions frontales et pariétales normalement spécialisées dans la *génération* et l'*exécution* d'une action intentionnelle (par soi-même) sont activées[3]. Ces régions sont également impliquées lorsque nous nous *représentons* mentalement cette même action. Il s'agit d'un phénomène

1. A. Meltzoff et M. Moore, Imitation of facial and manual gestures by human neonates, *Science,* 198, p. 75-78, 1977. Le psychologue français René Zazzo (1910-1995) avait déjà découvert cette forme d'imitation très précoce en 1945 sur son propre fils (il n'a toutefois « médiatisé » cette découverte qu'en 1988 !).

2. A. Meltzoff, La théorie du « like me », précurseur de la compréhension sociale chez le bébé, *in* J. Nadel et J. Decety (éd.), *Imiter pour découvrir l'humain,* Paris, PUF, 2002, p. 33-57.

3. J. Decety et J. Grèzes, Neural mechanisms subserving the perception of human actions, *Trends in Cognitive Sciences,* 3, p. 172-178, 1999.

de « résonance motrice » (l'action de l'autre résonne en moi) dont est doté le cerveau humain et qui explique, selon Decety, notre « sens des autres » (la sympathie, l'empathie, etc.)[1]. C'est sans doute le mécanisme neurobiologique fondamental de l'intersubjectivité dont l'imitation chez le nouveau-né serait la toute première manifestation comportementale[2].

Après l'âge du bébé, d'autres étapes doivent encore être franchies à l'âge préscolaire, entre 2 et 6 ans, pour qu'une réelle « théorie de l'esprit » se mette en place chez l'enfant. Un certain nombre de petits problèmes amusants ont permis de le démontrer.

2. **Problèmes de théories de l'esprit chez l'enfant.** – Le plus célèbre de ces petits problèmes est celui dit des « fausses croyances ». Heinz Wimmer et Josef Perner (l'un et l'autre de l'Université de Salzbourg) ont proposé à des enfants âgés de 3 à 8 ans différentes situations où ils cherchaient à savoir si l'enfant, selon son âge, est capable de faire abstraction de ce qu'il sait pour imaginer les réactions d'une autre personne qui ne sait pas ce qu'il sait[3]. En voici un exemple. On présente à l'enfant deux poupées (un petit garçon Maxi et sa maman), un morceau de plastique, représentant une tablette de chocolat, et deux boîtes, l'une rouge, l'autre bleue, qui figurent des placards de cuisine. Puis on joue devant l'enfant spectateur la scène

1. J. Decety, Le sens des autres ou les fondements naturels de la sympathie, *in* Y. Michaud (éd.), *Qu'est-ce que la vie psychique ?*, Paris, Odile Jacob, 2002, p. 71-101 ; voir aussi A. Berthoz et G. Jorland (éd.), *L'empathie*, Paris, Odile Jacob, 2004.

2. J. Nadel et J. Decety (éd.), *Imiter pour découvrir l'humain*, Paris, PUF, 2002.

3. H. Wimmer et J. Perner, Beliefs about beliefs, *Cognition*, 13, p. 103-128, 1983.

suivante : Maxi et sa maman reviennent de faire les courses et les rangent dans la cuisine. Maxi place le chocolat dans le placard bleu (c'est le lieu initial), puis sort de la pièce pour aller jouer dans le jardin. Lorsqu'il est parti, la maman de Maxi utilise une partie du chocolat pour faire un gâteau et range le reste dans le placard rouge (lieu final). Maxi revient. Il a faim et veut manger du chocolat. On pose alors à l'enfant de l'expérience, témoin du déroulement de cette scène, la question suivante : « Montre-moi où Maxi va aller chercher le chocolat : dans le placard bleu ou dans le placard rouge ? »

Jusqu'à 4-5 ans, les enfants répondent en désignant le lieu final : le placard rouge ! Ils sont incapables de concevoir que Maxi a une fausse croyance sur l'état du monde (avec les informations qu'il a, Maxi doit en effet croire que le chocolat est dans le placard bleu). Avant 4-5 ans, les enfants sont donc incapables d'inhiber leur propre croyance (exacte) pour activer la fausse croyance d'autrui. On retrouve ici un exemple de déficit d'inhibition cognitive (ou de blocage exécutif) comme on en a vu d'autres dans les domaines de l'objet, du nombre, de la catégorisation et du raisonnement[1]. Ce n'est qu'à partir de 4-5 ans que les enfants se réfèrent à la fausse croyance de Maxi pour prédire son action, répondant alors : « Il ira chercher le chocolat dans le placard bleu. »

Selon Perner, le propre de l'esprit humain est qu'il peut produire, dans un contexte donné, une représen-

1. O. Houdé, Théories de l'esprit, développement cognitif et inhibition, *in* D. Duché, M. Dugas *et al.* (éd.), *Métacognition, théories de l'esprit et fonctionnement psychologique chez l'enfant,* Paris, Expansion scientifique française, 1995, p. 24-28. Voir aussi J. Russell, *Agency,* London, Erlbaum, 1996.

tation erronée (*misrepresentation* en anglais) ou fausse croyance[1]. Il s'agit du « prix à payer » pour créer du sens, fabriquer des représentations. De ce point de vue, élaborer une théorie de l'esprit consiste *à concevoir et à gérer la possibilité d'une représentation erronée,* c'est-à-dire d'un « vice de fabrication » (et il n'en manque pas, comme on l'a vu, dans le développement biscornu de l'intelligence humaine !). C'est ce que l'enfant découvre lorsqu'il réussit, vers 4-5 ans, les problèmes de fausses croyances. Cette découverte « métacognitive » (*sur* la cognition) est essentielle pour apprendre à inhiber les stratégies cognitives inadéquates, quel que soit le domaine considéré (par exemple, au même âge, celui du nombre)[2]. Elle l'est aussi pour apprendre à mentir et à tromper ; ce n'est pas bien, mais c'est un signe certain d'intelligence.

D'autres problèmes de théories de l'esprit ont été mis au point par John Flavell (Stanford University) pour tester la capacité des enfants à concevoir qu'ils peuvent avoir de *multiples* représentations d'un *même* objet et que c'est là aussi une propriété fondamentale de l'esprit humain. Piaget avait déjà abordé cette question dans ses travaux sur la représentation de l'espace chez l'enfant où il avait mis au point une tâche dite des « trois montagnes », paysage par rapport auquel l'enfant devait être capable de considérer des points de vue (ou perspectives) visuels et spatiaux différents du sien (soit, se « décentrer »)[3]. Selon les

1. J. Perner, *Understanding the Representational Mind,* Cambridge, The MIT Press, 1991.
2. O. Houdé, Inhibition and cognitive development, *Cognitive Development,* 15, p. 63-73, 2000.
3. J. Piaget et B. Inhelder, *La représentation de l'espace chez l'enfant,* Paris, PUF, 1948.

observations piagétiennes, il n'en était pas capable avant 7-8 ans (toujours le stade opératoire concret), âge jusqu'auquel l'enfant est encore fondamentalement égocentré, c'est-à-dire qu'il ne prend en compte que son propre point de vue.

L'une des tâches de Flavell, dite de « perspectives visuelles », a permis de mettre en évidence des compétences plus précoces de décentration cognitive chez l'enfant d'école maternelle[1]. Par exemple, l'adulte et l'enfant sont de part et d'autre d'une table sur laquelle est disposé le dessin d'une tortue, l'un voyant la tortue à l'endroit, l'autre à l'envers. Vers 4-5 ans, l'enfant devient capable de considérer qu'il peut y avoir deux représentations différentes de la même tortue et que si lui la voit, par exemple, à l'endroit, l'adulte la voit à l'envers.

Dans un autre problème dit d' « apparence/réalité » inventé par Flavell, on montre à l'enfant un objet trompeur, par exemple une éponge qui ressemble à un caillou ou une boîte qui ressemble à un livre[2]. Dans ce dernier exemple, à la seule vue de l'objet, l'enfant déclare qu'il s'agit d'un livre (c'est sa première représentation) ; après quoi, il est invité à manipuler l'objet et constate qu'il s'agit d'une boîte (sa seconde représentation). On lui pose alors une question sur l'identité (ou la réalité) de l'objet, « Est-ce vraiment une boîte ou est-ce vraiment un livre ? », et une question sur son apparence : « Quand on regarde cet objet, est-ce qu'il ressemble à un livre ou à une boîte ? » Jusqu'à 4-5

1. J. Flavell, B. Everett, K. Croft et E. Flavell, Young children's knowledge about visual perception, *Developmental Psychology,* 17, p. 99-103, 1981.

2. J. Flavell, E. Flavell et F. Green, Development of the appearance-reality distinction, *Cognitive Psychology,* 15, p. 95-120, 1983.

ans, les enfants donnent la même réponse à ces deux questions : selon les enfants, soit « c'est une boîte et cela ressemble à une boîte » (erreur dite « réaliste »), soit « c'est un livre et cela ressemble à un livre » (erreur dite « phénoméniste », fondée sur ce que l'on voit). Il faut attendre 4-5 ans pour que l'enfant distingue l'apparence et la réalité (« c'est une boîte et cela ressemble à un livre »).

Il s'agit en fait aussi d'un problème de fausses croyances, mais cette fois en « intra-individuel » (c'est-à-dire l'enfant par rapport à lui-même et à ses multiples représentations ou croyances sur l'objet), alors qu'on était plus haut en « interindividuel » (l'enfant par rapport aux croyances d'autrui). Selon la question qui lui est posée, l'enfant doit être capable d'inhiber l'une ou l'autre de ses représentations ou catégorisations de l'objet (apparence ou réalité)[1].

Autant de situations « farces et attrapes » présentées aux enfants et qui testent des questions théoriques aussi fondamentales que le statut des connaissances et la nature de l'esprit humain. Ce qu'il y a d'extraordinaire, c'est qu'à leur façon les enfants y répondent ! Mais comment procèdent-ils ?

3. **Comment l'enfant devient-il psychologue ?** – Il faut d'abord savoir qu'il n'y a pas vraiment un « stade des théories de l'esprit » (vers 4-5 ans) où tous les enfants réussiraient au même moment (synchronisme) les trois tâches qui viennent d'être décrites : fausses croyances (Wimmer et Perner), perspectives visuelles

1. A.-M. Melot et O. Houdé, Categorization and theories of mind : The case of the appearance/reality distinction, *Current Psychology of Cognition,* 17, p. 71-93, 1998.

et apparence/réalité (Flavell). Comme l'a démontré Anne-Marie Melot (CNRS), si l'on y regarde de près, l'ordre de réussite de ces trois tâches varie selon les enfants[1]. Tout se passe comme s'ils devenaient psychologues en empruntant des « chemins de développement » différents (un peu comme des psychologues professionnels qui n'auraient pas passé leurs diplômes de spécialisation dans le même ordre !).

Mais par quelle « méthodologie » les enfants deviennent-ils psychologues[2] ? Certains chercheurs pensent qu'ils *simulent* simplement dans leur cerveau ce qui se passe chez autrui sans qu'il y ait réellement construction d'une *théorie* de l'esprit au sens fort du terme. D'autres pensent, au contraire, qu'il y a bien construction par l'enfant d'une « petite théorie » abstraite et générale de l'esprit (avec test de prédictions comme dans les théories scientifiques), construction qui s'appuie ou non sur le module inné décrit par Leslie (selon qu'on adopte un point de vue « nativiste modulariste » ou interactionniste sur l'ontogenèse).

Dans le cadre des chemins de développement évoqués ci-dessus, Melot a démontré qu'un apprentissage dans une tâche de théorie de l'esprit (portant sur la vérification ou non des prédictions de l'enfant) non seulement a un effet sur la tâche elle-même, mais provoque un transfert d'apprentissage sur une autre tâche (de la tâche de fausses croyances à celle d'apparence/

1. La tâche de prise de perspectives visuelles (l'exemple de la tortue) étant toutefois toujours réussie en premier ; voir A.-M. Melot, La représentation de l'esprit chez l'enfant, *Pour la Science,* 279, p. 66-72, 2001.

2. J. Nadel et A.-M. Melot, Théorie de l'esprit, *in* O. Houdé (éd.), *Vocabulaire de sciences cognitives,* Paris, PUF, 1998 (« Quadrige », 2003, p. 437-440).

réalité ou l'inverse)[1]. Cela semble bien indiquer que l'enfant élabore une forme, même élémentaire, de théorie *générale* de l'esprit (avec ré-élaborations provoquées par l'explicitation des exemples et contre-exemples) qui s'applique aux *différentes* tâches. Rien n'exclut toutefois qu'il utilise, pour réaliser ce « travail métacognitif », des outils comme la simulation et l'inhibition.

Dans ce domaine des théories de l'esprit, deux nouvelles pistes de recherche sont particulièrement stimulantes. La première consiste à établir une articulation avec d'autres domaines du développement cognitif comme le raisonnement logique. On a vu au début du chapitre précédent qu'il existe une forme de raisonnement conditionnel *(Si-alors)* dit « contrefactuel » : la capacité de notre cerveau à raisonner *contre* les *faits* réels. C'est bien ce qui se passe, par exemple, dans les tâches de fausses croyances. L'enfant doit être capable de se dire (en inhibant le factuel) : « Si la mère de Maxi n'avait pas fait de gâteau en son absence, alors elle aurait laissé le chocolat dans le placard bleu. » Peter Mitchell (University of Nottingham) et Kevin Riggs (London Metropolitan University) ont publié un ouvrage de synthèse sur ce thème : les capacités de raisonnement de l'enfant en rapport avec sa conception de l'esprit[2]. La seconde piste de recherche, notamment développée par Helen Gallagher, Christopher et Uta Frith (les trois à University College, London), est la découverte par l'imagerie cérébrale des régions du cerveau (en particulier le cortex paracingulaire anté-

1. A.-M. Melot et N. Angeard, Theory of mind : Is training contagious ?, *Developmental Science,* 6, p. 178-184, 2003.

2. P. Mitchell et K. Riggs, *Children's Reasoning and the Mind,* Hove, Psychology Press, 2000.

rieur et des régions temporales) impliquées dans la résolution de tâches de théorie de l'esprit (le « cerveau psychologue »)[1].

Il apparaît donc clairement, à l'issue de ce dernier chapitre, que l'enfant « cognitif » des chapitres précédents (de la construction de l'objet au raisonnement logique) se double, dès la naissance, d'un être fondamentalement social[2], orienté vers le monde des humains, et qui fait très tôt l'apprentissage du difficile métier de psychologue.

Il a même été récemment démontré par Renée Baillargeon (University of Illinois) à partir d'un dispositif visuel ne faisant pas appel au langage que, dès 15 mois, les bébés sont capables d'attribuer à un individu des croyances, vraies ou fausses, qui dirigent ses actions[3]. Cela confirme que les bébés ont déjà des capacités d'abstraction suffisantes pour interpréter le comportement d'autrui comme résultant d'états mentaux.

1. H. Gallagher et C. Frith, Functional imaging of theory of mind, *Trends in Cognitive Sciences,* 7, p. 77-83, 2003. Voir aussi R. Saxe, S. Carey et N. Kanwisher, Understanding others minds : Linking developmental psychology and functional neuro-imaging, *Annual Review of Psychology,* 55, p. 87-124, 2004.

2. Comme Henri Wallon (1879-1962) et Lev Vygotski (1896-1934) l'ont toujours rappelé à Piaget. Par manque de place (il a fallu faire des choix !), le rôle important des interactions sociales n'a pu être suffisamment mis en avant dans ce « Que-sais-je ? ».

3. K. Onishi et R. Baillargeon, Do 15-month-old infants understand false beliefs ?, *Science,* 308, p. 255-258, 2005.

CONCLUSION

La conclusion de ce livre sera très brève. Du point de vue théorique, l'essentiel a déjà été dit, dans l'Introduction et au fil des chapitres à propos d'exemples précis, sur le cheminement biscornu de l'intelligence humaine (capacités précoces et erreurs tardives, pour beaucoup non prévues par Piaget), la compétition entre stratégies cognitives dans le cerveau, ainsi que le rôle de l'inhibition et de l'émotion.

Une seule chose à ajouter. Le philosophe des sciences Dominique Lecourt (Université de Paris VII) a écrit, de notre approche de la psychologie de l'enfant et des neurosciences cognitives : « Le lien irréductible entre émotion et raison, et, par-dessus tout, le rôle de l'inhibition dans la rectification des erreurs (...) apparaissent très proches du thème principal de *La philosophie du non* » de Gaston Bachelard (1884-1962)[1] ; et il ajoute que Bachelard a jadis cherché en vain dans la théorie de Piaget (qui était son contemporain) une assise psychologique à ses idées.

Mais inhiber, savoir dire « non ! » à certaines de ses propres stratégies cognitives ou façons inadéquates de penser (ce que Bachelard appelait les « obstacles épistémologiques » de l'esprit) est-ce réellement, pour l'enfant et ensuite l'adulte, se développer, apprendre, créer de la nouveauté (du « positif ») ? Dit autrement,

1. G. Bachelard, *La philosophie du non,* Paris, PUF, 1940 (« Quadrige », 2002) ; D. Lecourt, *Humain, posthumain,* Paris, PUF, 2003, p. 122-123.

l'inhibition, n'est-ce pas trop négatif ? On ne peut mieux faire ici que de répondre en citant l'assistant français de Piaget, Pierre Gréco (qui ne parlait pas encore d'inhibition) : « Si l'esprit qui dit "non" sait pourquoi il dit "non", il a déjà les moyens de définir son prochain "oui" ! »[1]

Chez l'enfant, comme chez l'adulte, savoir ou plutôt ressentir pourquoi l'esprit « dit non » (inhibe), c'est avant tout de l'émotion, un sentiment intellectuel, une forme de théorie (même naïve) de l'esprit, et non pas seulement, comme l'aurait dit Piaget, un pur calcul logique. L'enfant peut apprendre à inhiber par l'expérience, à partir de ses échecs, par imitation ou par instruction formelle venant d'autrui. Dans cet apprentissage, il faut souligner le rôle régulateur que doit jouer le langage.

Un dernier mot, enfin, à propos du terme « biscornu », souvent utilisé dans ce livre. *Le Petit Robert* définit « biscornu » comme : « Qui a une forme irrégulière. Compliqué et bizarre. Baroque. » Ce mot familier fait l'affaire. Comme on l'a vu à travers de nombreux exemples, du bébé à l'adulte, le développement de l'enfant est compliqué, bizarre, baroque.

1. *Encyclopædia Universalis,* 1988, p. 664.

BIBLIOGRAPHIE GÉNÉRALE

Astington J., *Comment les enfants découvrent la pensée,* Paris, Retz, 1999.

Bideaud J., Houdé O. et Pedinielli J.-L., *L'Homme en développement,* Paris, PUF, « Quadrige », 2004.

Changeux J.-P., *L'Homme neuronal,* Paris, Fayard, 1983.

Changeux J.-P., *L'Homme de vérité,* Paris, Odile Jacob, 2002.

Hauser M., *À quoi pensent les animaux ?,* Paris, Odile Jacob, 2002.

Houdé O., *Rationalité, développement et inhibition,* Paris, PUF, 1995.

Houdé O., *10 leçons de psychologie et pédagogie,* Paris, PUF, « Quadrige Essais », 2006.

Houdé O. et Meljac C. (éd.), *L'esprit piagétien : hommage international à Jean Piaget,* Paris, PUF, 2000.

Johnson M., Functional brain development in humans, *Nature Reviews Neuroscience,* 2, p. 475-483, 2001.

Piaget J. et Inhelder B., *La psychologie de l'enfant,* Paris, PUF, « Quadrige », 2004.

Prochiantz A., Le développement et l'évolution du système nerveux, *in* Y. Michaud (éd.), *Qu'est-ce que la vie ?,* Paris, Odile Jacob, 2000, p. 302-310.

Rochat P., *Le monde des bébés,* Paris, Odile Jacob, 2006.

Siegler R., *Intelligence et développement de l'enfant,* Bruxelles, De Boeck, 2000.

Siegler R., *Enfant et raisonnement,* Bruxelles, De Boeck, 2001.

Tomasello M., *Aux origines de la cognition humaine,* Paris, Retz, 2004.

TABLE DES MATIÈRES

Imprimé en France
par MD Impressions
73, avenue Ronsard, 41100 Vendôme
Mai 2007 — N° 53 740